À MESA COM ELE

PREFÁCIO POR JEREMY RIDDLE

À MESA COM ELE

Zoe Lilly com Mauro Tanaka

quatro ventos

quatro ventos

Editora Quatro Ventos
Avenida Pirajussara, 5171
(11) 99232-4832

Diretor executivo: Raphael T. L. Koga
Editora responsável: Sarah Lucchini
Equipe Editorial:
Mauro Tanaka
Paula de Luna
Gabriela Vicente
Revisão: Eliane Viza B. Barreto
Diagramação: Vivian de Luna
Capa: Fernando Murakami
Fotografia: Kevin Rodrigues

Todos os direitos deste livro são reservados pela Editora Quatro Ventos.

Proibida a reprodução por quaisquer meios, salvo em breves citações, com indicação da fonte.

Todas as citações bíblicas e de terceiros foram adaptadas segundo o Acordo Ortográfico da Língua Portuguesa, assinado em 1990, em vigor desde janeiro de 2009.

Todo o conteúdo aqui publicado é de inteira responsabilidade do autor.

Todas as citações bíblicas foram extraídas da Almeida Corrigida Fiel, salvo indicação em contrário.

Citações extraídas do site https://www.bibliaonline.com.br/acf. Acesso em novembro de 2019.

1ª Edição: Novembro 2019
5ª Reimpressão: Junho 2025

Ficha catalográfica elaborada por Geyse Maria Almeida Costa de Carvalho – CRB 11/973

L729m Lilly, Zoe.

À mesa com Ele / Zoe Lilly, Mauro Tanaka. – São Paulo:
Quatro ventos, 2019.
240 p.

ISBN: 978-85-54167-32-5

1. Religião. 2. Deus. 3. Crescimento espiritual. CDD 207
I. Tanaka, Mauro. II. Título. CDU 343.9

SUMÁRIO

PARTE I

1 Um lugar à mesa **19**
2 O caminho **41**
3 Tirando as cascas **59**

PARTE II

4 Aroma suave **85**
5 O pão que satisfaz **107**
6 Face a face **127**
7 Maneiras à mesa **151**

PARTE III

8 Anfitrião da festa **179**
9 A minha própria voz **201**

RECEITAS **227**

DEDICATÓRIA

Dedico este livro a todos que ministram ou ministraram adoração ao meu lado ao longo desses 19 anos, seja na Igreja Monte Sião ou fora. Aprendi tanto com cada um e amo passar tempo na presença de Deus com vocês.

AGRADECIMENTOS

Meu coração se enche de gratidão primeiramente a Deus, que me conquistou com Seu imensurável amor e me fez enxergar minha identidade através de incontáveis momentos à mesa com Ele.

Ao meu marido, Israel, que incansavelmente me encoraja e é um exemplo de Cristo em minha vida com seu amor imenso e fé, que sempre preciso para caminhar.

À minha mãe, que me inspirou e me ensinou quase tudo o que sei sobre Jesus Cristo, e que, além disso, sempre fez o momento da refeição algo especial e delicioso.

Ao Mauro Tanaka, que caminhou comigo neste livro, inspirando-me com suas ideias brilhantes e sempre divertidas. Obrigada pela amizade de tantos anos!

A toda equipe que editou, revisou, diagramou, fotografou e fez este livro se tornar realidade. Sou grata a todos vocês!

PREFÁCIO

Antes de tudo, tenho orgulho da Zoe por ter escrito este livro. Há muitas vozes sobre este tema de adoração, mas a voz dela carrega pureza e autoridade distintas. Quando pela primeira vez a vi dirigindo adoração, não foi pela sua habilidade musical impressionante ou pelo seu talento vocal que fui impactado, mas pela sua postura diante do Senhor. Imediatamente percebi que era uma pessoa que tinha encontrado Deus de maneira profunda e que tinha estado com Ele. Há uma autoridade que se expressa e flui apenas na intimidade com o Pai. E a Zoe carrega tal autoridade.

Devido a muitos aspectos relacionados ao fazer acontecer uma expressão corporativa de adoração, semana após semana, facilmente pode-se perder o "porquê" de nossa adoração ao executar o "como". Esta é a razão pela qual este livro é tão importante para nós.

    Zoe baseia todo seu conhecimento e experiência numa verdade bíblica e sobrenatural: Deus deseja relacionamento, não uma atividade religiosa. O Senhor anseia por um povo que se achegue a Ele com todo o seu coração, e não apenas com os lábios. Deus não procura um *setlist* perfeito, músicas que se tornem um *hit* ou uma execução musical perfeita. Mas, sim, está buscando pessoas cujos corações são dedicados a Ele, e somente a Ele: um povo aliançado com Ele. Deus é zeloso para conosco. Ele tem uma aliança conosco e anseia por um povo que também esteja comprometido com Ele. Jamais devemos perder isso de vista nem permitir que outra agenda venha a competir com Deus e impedir que nos assentemos à mesa em Sua presença. Realizar toda a "adoração", mas não estar face a face com Ele, é perder inteiramente o objetivo.

    Então, incentivo a todos os que têm fome de Deus, jovens ou idosos, que querem crescer no profundo entendimento da adoração, anseiam por este glorioso privilégio de ser sacerdócio real e desejam ministrar ao Deus vivo e ao Seu povo, a lerem este livro. Saciem-se! Bebam desta água! Deixem que alguém cujos pés têm se familiarizado com esse andar na presença de Deus os guie! Não se contentem com menos do que o que Ele tem para vocês. Não se detenham nos Átrios. O Santo dos Santos os espera!

JEREMY RIDDLE
Líder de adoracão, compositor e pastor na Vineyard Anaheim, Califórnia

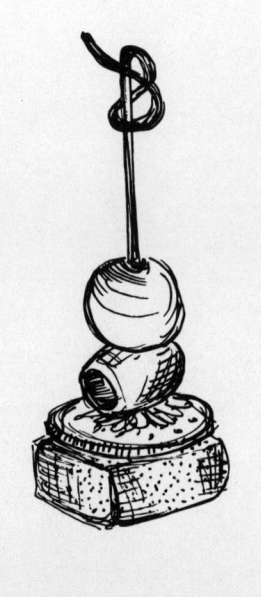

ENTRADA

Parte I

UM LUGAR À MESA

Primeiro Capítulo

Em uma época muito difícil de nossa vida familiar, lembro-me que, de uma hora para outra, tivemos de nos mudar de casa. Daquele momento em diante, minha mãe estava sem marido, e eu e meu irmão, sem pai. Éramos ainda crianças quando nos mudamos para um pequeno apartamento, onde havia uma mesa de madeira cor de cerejeira, com cadeiras estofadas, que tinham encostos bem altos [pelo menos para mim]. Perto da hora do jantar, em nossa primeira noite ali, percebi que minha mãe havia colocado um lugar à mesa para mais uma pessoa. Quatro pratos, quatro talheres e quatro copos. Achei aquilo muito estranho, afinal quem poderia vir comer conosco, assim do nada?

    O mistério não durou muito tempo. Assim que o delicioso jantar ficou pronto, ela nos chamou para a mesa e, antes mesmo de eu conseguir me sentar, já fui logo perguntando:

    — *Mom*, de quem é esse lugar vazio?

    Ela, com um sorriso, respondeu:

    — Este é o lugar de Deus Pai! A partir de hoje, nós sempre O teremos à mesa conosco. Nunca vamos nos esquecer de que Ele é o pai de vocês e o meu marido! É Ele quem cuida de nós em todas as situações e, por isso, nunca faltará nada nesta mesa!

    Então, eu, curiosa, logo questionei:

    — Ele vai comer a nossa comida também?

    — Zoe, isso é somente uma representação. Ele não tem fome como os seres humanos — Ela respondeu rindo.

    Naquele instante, fiquei tão feliz, que abri um sorriso gigante, daqueles que só as crianças sabem dar. Era como se meu coração tivesse se aquecido ao receber aquela notícia. Eu me lembro que nós sempre dávamos as mãos para orar pela comida, e, naquela noite, eu "segurei" a mão do meu Pai celestial e juntos fizemos a oração antes de comer. Enquanto conversávamos à mesa, de vez em quando, eu olhava para o lado, bem onde Ele se sentava, e sentia que a família estava completa novamente. Desde esse dia, sempre que colocávamos a mesa, nós o fazíamos para quatro pessoas, e não apenas para três.

Essa experiência foi muito mais do que uma história "fofa" da minha infância. Esses jantares com Deus marcaram e moldaram a pessoa que sou hoje. A prática de colocar um prato a mais para Ele durou anos e anos, e, ao crescer vivendo isso, recebia diariamente a certeza em meu coração de que eu tinha um pai, e que a nossa família era, sim, completa. Foi algo tão singelo, mas que, no fim das contas, pôde trazer a realidade dos Céus para uma família simples.

O momento da refeição sempre foi [e ainda é] especial para mim. Nunca consegui comer brigada com alguém, preocupada com alguma coisa, ou às pressas, sem apreciar o que estava comendo. Isso, porque, as refeições estão ligadas à ideia de comunhão, prazer, risadas, conversas importantes e intimidade.

Desde criança, amava ficar na cozinha com minha mãe enquanto ela preparava a alimentação. Conversávamos sobre tudo, ao mesmo tempo em que ela, cuidadosamente, aprontava cada pequeno detalhe do prato do dia. Foi ali que aprendi a cortar os vegetais, a manusear o fogão, o forno, e a limpar os alimentos. Porém, acima de tudo, foi nesse ambiente que aprendi a amar a cozinha e a expressar amor através disso. O prazer foi tanto que, depois de certo tempo, sempre que podia, pegava um livro de receitas e passava horas tentando decifrar seus segredos. Enquanto examinava tudo aquilo, também ia acompanhando cada uma das fotos ilustrativas, e ficava imaginando: "Quando será que vou conseguir fazer algo tão belo?". Com o passar dos anos, depois de inúmeras receitas terríveis que tive de comer sozinha, comecei a cozinhar melhor e, principalmente, para as pessoas que amo.

Até hoje, eu amo todo o processo que envolve uma refeição. Escolher os alimentos no mercado, o preparo de cada ingrediente, a expectativa de um prato finalizado, a reação de surpresa dos que experimentam a comida e, especialmente, a realização de poder proporcionar um momento único de alegria quando sentamos à mesa e estamos todos juntos. São nesses momentos de criação que eu me sinto mais em casa, já que posso partilhar de algo tão profundo e cheio de significado.

É justamente por esse motivo que sentar-se à mesa, para mim, sempre teve tudo a ver com adoração. Quando ceamos com alguém, nós nos deparamos com seu rosto, olhamos em seus olhos, conversamos a respeito de suas ideias e prestamos atenção em suas reações, o que, consequentemente, nos permite conhecer e sermos conhecidos por aquele com quem ceamos. Essas ocasiões são oportunidades incríveis, que vão muito além de apenas comer. São instantes em que baixamos nossas guardas e apenas curtimos o momento.

Quando penso nisso, sempre me lembro daquele lugar a mais à mesa de nossa pequena família [o de Deus Pai], além de me recordar da Sua doce presença durante as refeições e de como eram felizes aqueles momentos. Percebi que Jesus, como Homem, também amava fazer isso. Tanto é verdade que sempre que podia Ele estava sentado à mesa com alguém, ensinando, conversando, rindo, tendo os pés encharcados de perfume e, é claro, comendo com Seus amigos. Ele foi servido na casa de Marta e Maria, ceou com Seus discípulos, partiu o pão em Emaús, amava um peixe assado, e até com um ladrão como Zaqueu Ele resolveu comer.

Aliás, sobre essa última história, a Palavra nos conta que Zaqueu era um homem bem baixinho que precisou subir em uma árvore para tentar avistar Jesus, que andava no meio da multidão. O Mestre, sabendo que estava sendo observado, virou-se em direção à árvore, chamou-o pelo nome e se convidou para comer em sua casa. Imagino Zaqueu pulando lá de cima com tudo e, sem pensar duas vezes, levando Jesus para dentro. Então, alguns versículos adiante, algo maravilhoso acontece:

> E, levantando-se Zaqueu, disse ao Senhor: Senhor, eis que eu dou aos pobres metade dos meus bens; e, se em alguma coisa tenho defraudado alguém, o restituo quadruplicado.
> (Lucas 19.8)

Em nenhum momento Jesus o ensinou que era errado roubar, ou que Zaqueu seria obrigado a devolver o que havia extorquido se quisesse ter chance de entrar no Céu. Na realidade, não imagino o Mestre dando indiretas, broncas ou cutucadas naquele homem. Entretanto, simplesmente, após comerem juntos, aquele cobrador de impostos é convencido e resolve, por conta própria, tomar uma decisão prática que transformaria sua vida.

Momentos à mesa com Deus, submersos em Sua presença, podem nos transformar sem que precisemos de um manual de regras, demandas ou exigências, pois apenas o Seu amor nos constrange e nos leva a desejar mudança. O imenso amor que Jesus tinha por Zaqueu retirou as escamas de seus olhos e lhe trouxe convicção do que era certo e errado. Não apenas isso, mas esse amor o levou a enxergar quem ele poderia ser e quem havia nascido para ser.

Hoje, quando pensamos em adoração, quase que automaticamente já fazemos conexão com a música, como se ambas fossem sinônimas. Porém, assim como a tinta é apenas um instrumento para criar uma pintura, e não a arte em si, a música é uma ferramenta que pode nos ajudar a adorar. Isso, porque a adoração tem tudo a ver com relacionamento. Acho impossível conseguirmos amar alguém que nem conhecemos, do mesmo jeito que é impossível nos entregarmos completamente se não confiamos nesse alguém.

De acordo com a enciclopédia[1], a adoração exige amor extremo, excessivo, fazendo com que a pessoa seja levada a prestar culto a uma divindade. A adoração está ligada à honra, é uma homenagem, um

---

[1] **Enciclopédia Barsa Universal**. 3. ed. São Paulo: Barsa Planeta Internacional, 2010. 18v.

sentimento ou ação dada aos homens, anjos ou seres espirituais.

Na Bíblia[2], a palavra adoração aparece mais de 112 vezes, sendo descrita como a ação de se ajoelhar (*shachah* – Êxodo 4.31), ou se prostrar (*caghadh* – Isaías 44.15-19), partindo de uma atitude de reverência do corpo e da mente, juntamente com o serviço e a obediência. No Novo Testamento, outros termos usados para descrever adoração eram sintetizados em ações como a de beijar o chão (*proskuneo*), a de venerar, de reverenciar com temor ou ficar sem palavras (*sebomai* – Mateus 15.9).

Abraão foi a primeira pessoa, de quem se tem registro, que adorou a Deus. Inclusive, essa atitude o tornou conhecido como "amigo de Deus". O interessante a respeito desse homem é que, mesmo em seu momento mais difícil (quando foi sacrificar seu filho Isaque), ele decidiu adorá-lO com sua obediência (Gênesis 22.5). Isso só foi possível, porque

---

[2] KOHNBERGER III, John R. & SWANSON, James A. **The strongest Strong's exhaustive concordance of the Bible**, (eds.). Grand Rapids, Michigan: Zondervan, 2001.

Abraão conhecia quem era Deus e confiava plenamente em Seu coração.

Nunca nos prostraríamos diante de alguém que não achamos digno, não é verdade? Mas existe um jeito de saber quem o é: através do relacionamento. Assim, precisamos conhecer a Deus para dar a Ele a verdadeira adoração. O grande problema é quando todo o nosso esforço está apenas no ato de nos ajoelharmos, termos reverência e dizermos palavras bonitas. Todas essas ações perdem o sentido se não são frutos de uma vida de intimidade com Ele. Podemos ficar presos em canções decoradas de adoração, sem que haja nada que ultrapasse uma ação física e uma melodia aprendida.

Não conseguimos dar algo que não temos. É impossível entregar a Deus coisas que nunca recebemos. Se nunca aprendemos a receber o Seu amor, como poderíamos dar a Ele a adoração apaixonada e merecida? Não há como derramar um líquido virando um copo vazio, mesmo assim, muitas vezes, temos gastado todas as nossas forças tentando tirar uma gota de um copo seco. Cobramos muito de nós mesmos a respeito de levarmos uma vida de joelhos na presença de Deus, mas ainda não tivemos a revelação de que foi Ele quem se ajoelhou primeiro diante de nós e lavou os nossos pés. Foi nesse ato que Ele nos ensinou a verdadeira humildade, a extrema dependência d'Ele e nos encheu de um amor infinito para que, então, pudéssemos devolver-Lhe tudo.

Deus é santo. Ele deve ser venerado. Ele é imutável, o mais poderoso e o mais magnífico de todos, porém é impossível conseguirmos enxergar tudo isso quando estamos cegos pela nossa identidade distorcida. Poderíamos até, de forma religiosa, dizer que Ele é grande, altíssimo e maravilhoso, mas ainda teríamos dificuldade em olhar no fundo de Seus olhos de amor. Até que tenhamos um verdadeiro encontro com o amor incondicional de Deus, esses atos e palavras soariam sem o peso da verdade e do real entendimento.

Quando sentamos diante d'Ele, quando estamos face a face com o Pai, onde só há nós e Ele na mesa, e nada mais, finalmente podemos assimilar quem somos n'Ele. Um verdadeiro adorador é consciente da sua posição, do seu papel e responsabilidade. Ele tem impressa dentro de si a certeza de que nasceu para ser um sacerdote e é compelido a agir de acordo com isso. Um adorador sabe do grande valor do sangue poderoso de Jesus, e do preço altíssimo que foi pago para que ele tivesse acesso ao Pai. Além de saber que é um filho amado.

Comecei a descobrir a Deus na minha adolescência. Mesmo que na teoria eu já soubesse muito a Seu respeito, eu nunca O havia conhecido verdadeiramente. Tudo parecia muito complicado para mim, eu tentava imitar as palavras bonitas que ouvia da boca das outras pessoas, decorava todas as músicas da igreja e até levantava as mãos e me ajoelhava tentando, de alguma forma, captar a atenção de Deus. "Será que Ele está me vendo? Será que Ele gosta de mim? Será que estou adorando da maneira certa?". Mas a verdade é que eu não sabia como me portar em Sua presença. A única coisa que eu sabia era ter fome.

Até que um dia Ele apareceu. Foi em um dia comum, depois da escola. Ele invadiu o meu quarto e me deixou ainda mais perdida. As canções já não eram suficientes, as palavras nem chegavam à minha boca e o meu coração só doía de tanto amor, enquanto as lágrimas jorravam como uma cachoeira de amor que descia pelo meu corpo. Eu me afogava naquilo tudo e só conseguia pensar: "O que é esse amor? Como poderia ser tão amada assim?".

Por outro lado, logo algumas dúvidas tentaram invadir meus pensamentos: "Será que é tudo da minha cabeça? Será que estou imaginando coisas?". Entretanto, rapidamente, mais ondas de amor me atingiram em cheio, e eu percebi que não conseguiria lutar contra aquilo. A única coisa que eu podia fazer era aceitar aquele amor extremo.

Mas como poderia aceitar? Eu não me achava uma pessoa boa. Eu já tinha errado tanto. Não era boa o suficiente, não era santa como Ele é. E, mesmo enquanto eu continuava listando as razões pelas quais eu não seria digna de receber nada, ao mesmo tempo, era mergulhada em mais uma enxurrada de amor. Por fim, eu desisti. Desisti de tentar explicar aquele amor e de tentar merecê-lo. Resolvi receber. Apenas isso.

    Tudo aconteceu há mais de 20 anos, e, até hoje, ainda estou aqui, recebendo desse amor. Descobri que quando aprendo a receber o amor incondicional do Pai, eu sou transformada e, então, tenho o que oferecer de volta. Eu não amo e adoro a Deus porque sou esforçada nem porque sou uma líder de adoração. Tudo o que faço é simplesmente devolver aquilo que Ele me dá todos os dias. Todas as manhãs, eu sinto o Seu amor e misericórdia, e não consigo fazer muito a não ser devolver-Lhe o que recebo. Afinal, sou totalmente dependente, porque até mesmo para adorar preciso d'Ele.

    As Escrituras nos dizem que, ao assentar-se à frente de Jesus, Zaqueu recebeu uma enxurrada de amor. Ali, tudo o que ele conhecia mudou para sempre, e somente por isso ele conseguiu devolver algo para Deus. Ele devolveu a Ele a sua adoração em forma de ação, restituindo tudo o que havia roubado. Naquele momento, ele entregou algo que fazia parte de sua nova identidade, algo que redefiniu sua vida para sempre.

Quando nos deparamos com o amor de Deus, a realidade do Céu é restaurada em nós e conseguimos compreender quem somos n'Ele, ou seja: sacerdócio real, nação santa e povo escolhido (1 Pedro 2.9). Os sacerdotes eram aqueles que tinham acesso à presença de Deus. Eles trabalhavam no tabernáculo e preparavam tudo para os momentos em que Deus falaria face a face. Por conta disso, eles viviam de maneira diferenciada, já que entendiam que trilhavam um território santo, e que isso fazia parte do seu chamado.

Os sacerdotes, que eram da tribo de Levi, foram escolhidos no momento em que Moisés desceu do monte Sinai e viu todo o povo perdido na idolatria, exceto eles. Levi foi a única tribo que se posicionou contra a idolatria e por isso foram designados para cuidar do santuário. Contudo, o real desejo de Deus era que todos fizessem parte de um reino de sacerdotes.

Por isso, através do sacrifício de Jesus Cristo, todos nós podemos ter acesso à Sua presença novamente. Recebemos esse direito, juntamente com o sacerdócio a partir do instante em que nascemos de novo, conforme 1 Pedro nos revela:

> Vós também, como pedras vivas, sois edificados casa espiritual e **sacerdócio santo**, para oferecer sacrifícios espirituais agradáveis a Deus por Jesus Cristo. (1 Pedro 2.5 – grifo da autora)

Mais do que sermos sacerdotes, a revelação do amor incondicional de Deus Pai abre os nossos olhos para a verdade de que somos filhos amados. Quando, por algum motivo, não conseguimos receber desse amor, podemos continuar amarrados a uma identidade inadequada e mentirosa, que nos empurra para vivermos uma mentalidade de órfãos, e não mais de filhos.

O coração de órfão não conhece o amor do Pai e acha que sempre está aquém do que deveria ser. Ele, constantemente, compara-se com os outros, sente-se ameaçado por pessoas mais talentosas, mais bonitas e capazes. Sempre pensa que Deus escolhe falar somente com outros e que o esqueceu; pensa que precisa conquistar a aprovação do

Seu Pai celestial. Agride os outros, tem inveja, sente-se inferior ou superior aos outros, não libera perdão e tem dificuldade de se perdoar também. O coração órfão sente-se distante do Pai, e em razão disso, na maioria das vezes, não consegue ter uma vida de adoração.

O coração de filho, por outro lado, conhece a Quem pertence. Sabe dos seus defeitos, mas ainda consegue ver os seus acertos. Olha o próximo como Deus o vê e consegue perdoar com facilidade, pois, no final, o perdão é muito mais a respeito do seu relacionamento com Deus do que com o outro. Confia na provisão de Deus, pois sabe que Ele cuida de todas as coisas, descansa no reconhecimento divino e não se importa com a aprovação alheia. O filho entende que nasceu para ser um sacerdote e, por isso, age como um, carregando o temor a Deus, mas, ao mesmo tempo, com muita leveza e amor, pois é assim que é amado. O coração do filho ama adorar a Deus. Afinal, Ele é o seu maior prazer e é apenas com Ele que se sente em casa de verdade.

Todas as vezes que eu via a figura do Pai sentado à mesa com a nossa família, eu ia, aos poucos, sendo moldada e compreendia mais e mais quem eu era. Naqueles jantares, sempre felizes e sorridentes, nunca houve uma grande manifestação sobrenatural, mas a minha fé crescia forte com a certeza de que Ele estava lá conosco. Foram inúmeras as vezes que vi Sua mão poderosa suprindo cada refeição, cada conversa e abraço que precisávamos. A fé em Seu amor gerou em mim a certeza que eu poderia ser eu mesma. A qualquer momento poderia me assentar ali e experimentar o Seu amor. Não era algo que necessitava de uma trilha sonora, imposição de mãos ou de um evento evangélico, era apenas a simplicidade de estar com Ele.

Conhecer esse amor incrível do nosso Pai é exatamente o começo da nossa jornada para uma vida de adoração, pois finalmente temos algo para oferecer. Quantas vezes tentamos nos derramar por inteiro e cantar canções apaixonadas ao nosso Amado, mas com um coração vazio e sem nunca termos nos sentido perto d'Ele? Já tentou espremer um limão seco, daqueles que você aperta com toda a força, mas ele não solta uma gota sequer? É mais ou menos isso que acontece quando nos doamos, nós nos entregamos e sacrificamos sem a revelação do grande amor que Ele tem por nós.

Somos tão dependentes de Deus que até mesmo para adorá-lO precisamos d'Ele. Até para nos derramarmos diante de Sua presença precisamos ser cheios d'Ele. Portanto, tome tempo para receber do Seu amor e veja a sua vida de adoração e entrega ser muito mais rica, pois ao assentar-se diante d'Ele, o amor de Deus invadirá o seu coração e, ali, ao receber desse amor, você será capaz de devolvê-lo e, nesse momento, acontecerá a verdadeira adoração, fruto de um relacionamento, e não de uma obrigação de um ritual rígido.

Não aprendi a adorar a Deus pelas minhas próprias forças, aprendi com Ele. Toda vez que O vejo, sinto-me completamente aceita, amada e valorizada. Assim aprendo a aceitá-lO, amá-lO e valorizá-lO também. Que privilégio é estar em Sua presença! Que honra é poder derramar de volta o que Ele tanto derrama em nós quando somos simples diante d'Ele!

Sendo assim, respire, sente-se, abra o coração e creia neste amor do Pai que é derramado sem medida sobre nós. Pois quando nos assentamos com Ele, tudo desaparece e só uma coisa importa: Ele mesmo.

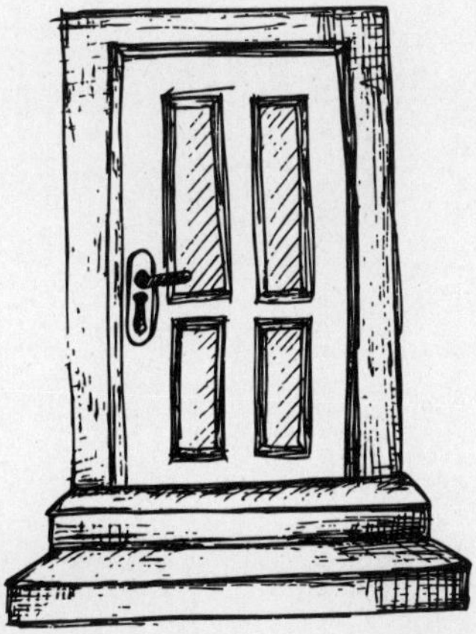

O CAMINHO

Segundo Capítulo

Fecho os meus olhos e em um instante já consigo sentir: é o cheirinho do forno trabalhando sem parar, as músicas tão lindas tocando o dia inteiro, minha sala toda decorada e a família reunida trocando presentes, abraços e sorrisos. Eu amo o Natal. Sim, eu sei que Jesus não nasceu realmente no dia 25 de dezembro, mas me aquece o coração saber que nesse dia, de alguma forma, o mundo todo está celebrando Sua vida. Não apenas isso, mas amo comemorar com minha família a vinda de Cristo.

Na véspera de Natal, é tradição em nossa família nos reunirmos e soltarmos a voz, cantando músicas tipicamente natalinas, enquanto minha mãe acompanha no piano. Ainda antes da tão esperada ceia, que a essa altura sempre começa a cheirar de forma maravilhosa, vem um dos meus momentos preferidos: paramos tudo e juntos passamos um bom tempo só agradecendo. Eu amo esses momentos e o fato de que nessa data sempre há muita gente na casa, muita comida, presentes e risadas também.

Eu me lembro de um Natal que foi bem diferente. Na época, eu, minha mãe e meu irmão tínhamos ido morar na Inglaterra e, por isso, estávamos sem nossos primos e familiares. Eu tinha apenas oito anos de idade. Apesar dessa mudança, eu estava muito feliz porque, finalmente, veria a neve. Estava muito frio e a lareira havia sido acesa. Eu usava um vestido xadrez preto e branco lindo, e um laço grande na cabeça. Desci as escadas sentindo o cheiro daquela comida que só minha mãe sabe fazer, e logo reconheci: ela havia feito sua especialidade – lasanha.

Além disso, ela havia embrulhado todos os pequenos presentes com muito carinho. Não era uma fase fácil financeiramente falando, mas, mesmo com o pouco e o simples, havia muito amor.

Até aquele ano, nunca havíamos celebrado uma data comemorativa só nós três e, por isso, tudo aquilo era algo muito diferente para mim. Mesmo novinha, eu consigo me recordar muito bem daquele momento, quando demos as mãos para a oração antes de comermos. Senti tanta, mas tanta gratidão por estar ali, mesmo sem luxo e sem muitos amigos. Fui completamente acolhida pela presença de Jesus, que enchia aquele ambiente, especialmente a mesa de jantar em que estávamos.

A minha mãe costumava falar que o lugar mais seguro que poderíamos estar era no centro da vontade de Deus, e, naquele momento, enquanto me sentia totalmente cercada por Ele, eu entendi ainda mais o que ela queria dizer. Não era sobre a festividade daquele dia, mas sim sobre a Sua presença constante em nossa vida e a Sua fidelidade em nos prover tudo o que necessitávamos.

Parecia que, naquela hora, mesmo com oito anos de idade, eu estava começando a entender que a gratidão não era resultado de se ter muito, mas de ter a revelação de Jesus como o nosso maior presente. Ele, sim, era o motivo de tudo que rodeava e sustentava a nossa família: o amor que tínhamos, a provisão que recebíamos e a união que desfrutávamos. E, disso, eu nunca mais me esqueci, nem me esquecerei.

A gratidão é o combustível da nossa adoração a Deus. Não existe como nos aproximarmos d'Ele sem sermos gratos em nosso coração. Em Salmos 100.4 lemos:

> Entrai pelas portas dele com gratidão, e em seus Átrios com louvor; louvai-o, e bendizei o seu nome.

Gratidão é o pré-requisito para começarmos o percurso até a presença de Deus. Muitas pessoas desejam ter uma vida de adoração, mas não têm ideia de onde começar, já que tudo parece tão distante, árduo e até mesmo místico. Na realidade, nossos passos ao longo desse caminho são simples e diretos. E o primeiro deles, com base no Tabernáculo de Moisés, é justamente esse: gratidão.

Desde a queda do Homem, em Gênesis 3, quando Adão e Eva foram expulsos do Jardim do Éden, a intimidade que eles tinham com Deus se rompeu. Imagino como era maravilhoso quando eles andavam e conversavam com seu Criador ao entardecer, e colaboravam com a Criação. Todo esse convívio, porém, se perdeu quando o pecado entrou no mundo. O ser humano havia sido criado para um relacionamento com Deus, mas, depois disso, Ele precisou se comunicar com a humanidade através de pessoas específicas.

Deus sempre desejou ter intimidade conosco, e faria de tudo para que pudéssemos voltar a estar diante de Sua presença. Por esse motivo, com o homem e a mulher já banidos do Jardim do Éden, Ele quis trazer novamente um pedaço desse lugar através do Tabernáculo de Moisés, que, ainda no Velho Testamento, apontava para o único caminho de volta à Sua presença: Jesus Cristo, Seu único filho.

Após a morte e governo de José, o povo hebreu acabou se tornando escravo por muitos séculos no Egito, até o momento em que Moisés foi incumbido de resgatá-los. Em razão disso, muito da cultura hebraica havia sido esquecida. Poucos conheciam a respeito do Deus de Abraão, Isaque e Jacó, e foi exatamente por isso que a saída do Egito foi pontuada com tantos milagres sobrenaturais, de tal forma que o povo reconhecesse a grandeza de Deus.

Ao entrarem no deserto, tudo foi muito difícil, já que o povo de Israel precisava ter uma mudança de mentalidade para que pudessem entender a nova cultura: a cultura divina. Então, ali, o Senhor escolheu criar um modelo de "caminho" para a Sua presença: o Tabernáculo de Moisés.

> E esta é a oferta alçada que tomareis deles: ouro, prata, bronze, estofo azul, púrpura, carmesim, linho fino, pelos de cabras, peles de carneiros tintas de vermelho, peles de golfinhos, madeira

> de acácia, azeite para a luz, especiarias para o óleo da unção e para o incenso aromático, pedras de ônix, e pedras de engaste para o éfode e para o peitoral. E me farão um **tabernáculo**, para que eu **habite no meio deles**. (Êxodo 25.3-8 – grifo da autora)

A entrada do tabernáculo era um portão que se chamava o caminho. Essa entrada dava acesso à área externa daquele lugar, que se chamava átrio ou pátio.

> E à porta do pátio haverá uma cortina de vinte côvados, de azul, e púrpura, e carmesim, e de linho fino torcido, de obra de bordador; as suas colunas quatro, e as suas bases quatro. (Êxodo 27.16)

Esse portão tinha quatro camadas de tecidos de diferentes cores: azul, que representava Jesus como Filho de Deus; púrpura, que simbolizava realeza, ou seja, Jesus como rei; carmesim, que retratava Jesus como salvador; e branco, do linho fino, que representava Jesus como o homem perfeito.

Em outras palavras, de forma resumida, o portão simbolizava quem é Jesus para nós: o único caminho para o Pai.[1]

Nesse caminho para a presença de Deus, o primeiro passo é recebermos a revelação do grande sacrifício de Jesus Cristo na cruz por nós. E é impossível termos esse entendimento se não formos gratos. A gratidão é o primeiro fruto.

Eu me lembro que, quando eu era pequena, minha mãe sempre me ensinava mansamente: "Não esqueça de agradecer. Tudo o que você tem é porque alguém lutou por isso". Aquilo sempre fez parte da minha rotina: não falar obrigado depois de um favor ou presente era algo inimaginável para mim enquanto crescia. De vez em quando, eu me pegava refletindo sobre o que faria se não tivesse minhas roupas, comida, casa para morar e, inclusive como seria se não

---

[1] Minha base para esta comparação vem de um estudo da estrutura e dos elementos do Tabernáculo de Moisés, relatado em Êxodo 26-30; 35-40. A partir dessa análise, é possível construirmos um caminho de adoração para a presença de Deus. Se quiser saber mais a respeito, indico o livro: CONNER, Kevin J. **Os Segredos do Tabernáculo de Moisés**. 2. ed. Curitiba: Atos, 2013.

pudesse ir para a escola. Então, eu me sentia imensamente abençoada e dava muito valor a cada sacrifício que minha mãe fazia para que eu tivesse tudo aquilo.

A gratidão está muito relacionada com a nossa autopercepção e a convicção gerada pelo Espírito Santo a respeito de quem somos n'Ele, do que seríamos sem Ele e de como somos amados por Ele. Naquele Natal, em 1990, comecei a entender que toda aquela comida na mesa, os presentes embaixo da árvore e a minha pequena família comigo, eram bênçãos que muitos outros não puderam ter, e, com isso, recebi ainda mais a revelação de como eu era amada por Deus. Eu estava longe do Brasil, da minha família e amigos, não tinha tantos presentes e a comida não era tão luxuosa, mas, naquele momento, eu tinha muito para agradecer.

Por muitas gerações, o povo de Israel permaneceu escravo dos egípcios, sendo criados, portanto, debaixo de uma cultura pagã, sem a presença do único e verdadeiro Deus. Eles estavam presos, esquecendo-se de quem realmente eram, sofrendo nas mãos de muitos faraós por centenas de anos. Quando finalmente foram libertos, atravessando o Mar Vermelho e presenciando sinais e milagres ao longo do trajeto, o povo continuamente reclamava do deserto, preferindo voltar a ser escravo no Egito. Muitos não conseguem ser gratos, pois não compreendem de onde foram tirados nem o que seriam sem as bênçãos recebidas.

Repetir para o espelho: "Seja grato", ou separar alguns minutos por dia só para agradecer, pode até ajudar, mas certamente não será suficiente. A verdadeira gratidão não nasce apenas do esforço e disciplina, e sim da revelação de quem Jesus Cristo é para nós. Quando realmente compreendemos que Ele abriu o caminho, sofrendo perseguição, traição, injustiças e uma morte terrível, para que tivéssemos acesso à presença do Pai, é impossível permanecermos indiferentes.

Aos 15 anos, tive um dos maiores encontros com Deus da minha vida. Naquele dia, no meu quarto, eu não estava preparada para ser "nocauteada" com tanta glória manifesta. Sentia um temor divino e, ao mesmo tempo, um amor que nunca havia experimentado. Mal conseguia me mexer. Eu chorava incansavelmente estendida no chão e só pensava em quão privilegiada eu era por estar ali, diante de um Deus tão grande. De todos os lugares, Ele havia escolhido se manifestar bem no meu cantinho.

 É claro que Deus se manifesta a diversas pessoas de formas tão mais "espetaculares", mas aquele encontro me fez sentir a pessoa mais honrada da face da Terra, pois o Rei dos Reis havia tomado um tempo para me amar de um jeito tão individual. Não, não eram todas as vezes que acontecia algo assim, havia dias em que eu não sentia absolutamente nada, mas me lembrava de tudo o que Ele já fizera e falara e, ainda assim, eu não tinha nenhum motivo para não me sentir grata.

 Muitos anos atrás, uma moça veio me procurar dizendo que, há meses, não conseguia sentir a presença de Deus. Ela pareceu muito frustrada, pois, pelo que me contou, examinava sua vida da cabeça aos pés e não conseguia encontrar nada que pudesse justificar aquilo. Em nossa conversa, perguntei de tudo, investiguei, busquei mágoas, falta de perdão e até pecados escondidos, mas não havia nada fora do lugar. Ficamos de conversar na semana seguinte. Disse que oraria por ela e a aconselhei a permanecer crescendo em fé e a não desistir de sua busca diária por Deus.

Depois de nos despedirmos, fui andando até o meu carro, e aquela moça não saía da minha cabeça. Perguntei ao Espírito Santo o porquê de tanta dificuldade e Ele, com o Seu jeito tão simples e certeiro, me respondeu: "Fale para ela ser grata". Aquilo foi tão direto que até levei um susto. Logo, entrei em contato com aquela moça e simplesmente pedi que ela tentasse agradecer mais nos próximos dias.

Na semana seguinte, a mesma moça entrou na minha sala e seu semblante era totalmente diferente. Ela parecia estar tão alegre. Rapidamente, ela sentou e me disse: "Zoe, tive um encontro com a presença do Pai essa semana e parece que tudo está normal novamente". Então, perguntei o que ela havia feito, e ela me disse que só havia sido grata.

Grata pelos momentos que Deus já falara com ela antes, grata pelo sacrifício de Jesus Cristo, grata por estar viva, grata por ter a oportunidade de conhecer a Deus e assim por diante.

Muitas vezes, a nossa ansiedade para sentirmos a presença de Deus, isto é, a nossa pressa de termos um encontro sobrenatural, acaba sabotando uma experiência nova com Ele. Queremos replicar o que já vivemos com Deus antes, reviver momentos especiais, sendo que Ele tem novidades diárias para nós. Esquecemos de ser gratos pelo que Ele já nos deu e, como criança, simplesmente esperarmos n'Ele. Não precisamos de um próximo encontro, precisamos da revelação de Jesus em nosso coração, pois isso não se restringe a um momento específico, mas a uma vida cheia d'Ele.

Aqueles momentos de gratidão que sempre permeavam nossos natais ajudaram a formar dentro de mim um coração grato e satisfeito em Deus. Acho que é por isso que até hoje eu amo tanto essa festa. Não só isso, mas sempre que penso na ceia de Natal com a minha família inteira, eu me lembro do jantar que Jesus teve na casa de Marta, Maria e Lázaro: repleto de comidas, gratidão e adoração.

Já à beira da morte, Lázaro, juntamente com suas irmãs, tinha esperança de que seu Amigo viesse salvá-lo. Mandaram chamar o Mestre às pressas, mas Ele não chegou a tempo. Quando Jesus finalmente chegou na casa de Marta, já fazia três dias desde que Lázaro havia morrido. Marta e Maria concordaram em dizer que, se Jesus estivesse lá, nada daquilo teria acontecido, e Jesus, vendo Maria chorar, fez o mesmo.

Movido em Seu espírito, Jesus ordenou que tirassem a pedra que fechava o sepulcro e chamou seu amigo para fora. E lá estava ele: Lázaro, ressurreto.

A Bíblia nos conta que depois disso houve um maravilhoso jantar na casa dos irmãos, onde, eu imagino, que Marta tenha cozinhado suas receitas mais incríveis; Lázaro tenha recebido todos os seus amigos, que certamente nunca tinham visto um morto ressuscitar; e Maria, sempre aos pés de Cristo, tenha enchido aquela casa de perfume.

Quando penso em Jesus andando pelas ruas, consigo imaginar a multidão de pessoas que iam atrás d'Ele. Sabe quando aquele artista famoso resolve se aventurar no *shopping*? Acho que, no caso de Jesus, era ainda pior. As Escrituras nos revelam que, certa vez, alguns amigos tiveram de descer um doente pelo teto da casa, pois não conseguiam levá-lo para perto do Mestre de outro jeito. A mulher com o fluxo de sangue se esgueirou pela multidão para tocar as vestes de Jesus e Ele apenas sentiu a virtude saindo de Seu corpo. Ele multiplicou pães e peixes para milhares e ensinava de Seu barco para as multidões em terra. Todos buscando um toque, uma palavra, um milagre.

 Naquele jantar, a seis dias de Sua crucificação, algo diferente aconteceu. Ninguém parecia estar lá pedindo que Jesus fizesse algum milagre, cura ou até mesmo uma pregação ungida. Todos estavam ali expressando uma enorme gratidão pelo que Ele havia feito com Lázaro; servindo-O com o coração cheio como Marta, ou se derramando aos Seus pés como Maria.

Talvez seja exatamente essa a razão pela qual, enquanto uma multidão corria atrás de Jesus e Seus milagres, sempre que podia, Ele escolhia voltar à casa de Seus amigos. Que momento incrível é estar em Sua presença e ser chamado de amigo. Não é um rótulo que colocamos em nós mesmos, mas a maneira como Ele nos chama e nos conhece. Não são mais os milagres que importam nesses instantes, mas o fato de estarmos juntos.

Por essas e tantas outras coisas não tenho espaço para descrever aqui que a gratidão é uma palavra pequena demais para todo este sentimento que tenho dentro de mim; de olhar para minha história e ver que Deus nunca desistiu de me desejar, de esperar ansiosamente a minha voz pela manhã e o meu sorriso ao dormir em Seus braços.

Pelo o que você pode ser grato hoje?

TIRANDO AS CASCAS

Terceiro Capítulo

Uma das únicas coisas que eu não gosto quando estou cozinhando é descascar os alimentos. Quem me dera ter um ajudante só para essas horas. Por exemplo: para fazer legumes salteados, acabo levando muito mais tempo descascando e cortando minhas cenouras e batatas do que preparando-as na frigideira.

Creio, porém, que não sou só eu quem sofre desse mal. Tanto é que, hoje em dia, em qualquer mercado, podemos encontrar geladeiras lotadas de frutas e legumes descascados, lavados e cortados – desde saladas mistas, vegetais para *yakissoba*, até aqueles abacaxis embalados naquelas bandejinhas de plástico. É o paraíso dos preguiçosos. Por outro lado, essa preguiça toda pode custar caro para o resultado final. Dessa forma, se quisermos que tudo fique realmente gostoso, fresco e exatamente no ponto, não tem como pularmos essa etapa.

Quando penso em descascar, o que me vem à mente são as centenas de cebolas que já tive de preparar em minha vida, com direito a todo aquele choro e camadas sem fim. Sempre que me lembro dessas cenas, percebo o quanto, para conseguir ir a um nível mais profundo com Deus, eu precisei me "descascar" como uma cebola. Houve muito choro, muito desconforto e, acima de tudo, vulnerabilidade.

Talvez, para muitos, a palavra vulnerabilidade soe como uma fraqueza, porém é uma das maiores qualidades para quem deseja se aproximar de Deus. Em Salmos 51, está escrito que o Senhor nunca desprezará um coração quebrantado e contrito. Corações quebrantados são sempre vulneráveis. Então como podemos nos livrar das nossas camadas e sermos completamente vulneráveis?

Vulnerabilidade é se abrir sabendo que podemos nos machucar; é falar o que sentimos mesmo que ninguém nos entenda; e é arriscar ainda que possamos falhar. Em contrapartida, mesmo sabendo que Deus nos ama, diversas vezes, sentimos dificuldade de nos abrir e ser vulneráveis diante de Sua presença, seja pelo motivo que for. Porém, precisamos acreditar que, ali com Ele, sempre será um lugar seguro e acolhedor.

Há mais de 10 anos, eu liderava os adolescentes da minha igreja local e estava noiva de um rapaz. Ensinava constantemente sobre a importância da escolha correta nos relacionamentos e de sempre buscar a vontade perfeita de Deus. Cegamente, achava que estava ensinando aquilo que estava vivendo, afinal eu, de fato, acreditava que aquele rapaz era a pessoa certa para mim. Já tinha contado para todo mundo a nossa história, mencionando todos os "sinais" divinos e confirmações sobrenaturais e como combinávamos um com o outro. Fizemos até uma festa de noivado na igreja, com bolo, lembrancinhas e tudo o mais.

Entretanto, logo após o noivado, uma série de eventos e sentimentos me levaram a encarar meu coração e perceber que aquilo não era o melhor de Deus para mim. Encurtando a história, duas semanas depois da grande festa, o relacionamento acabou e eu me encontrei mergulhada em frustração, vergonha e tristeza.

No sábado seguinte, lá estava eu para ensinar na reunião dos adolescentes. Quando chegou a minha hora de falar, eu estava tão cheia de dor e de vergonha, com um nó entalado em minha garganta, que não sabia nem o que dizer. Acabei simplesmente falando que não estava mais noiva e que havia errado achando que tinha encontrado a pessoa certa. Minha vontade era me esconder, ir para uma caverna, voltar para a minha cama. Tive até medo de levantar meu rosto depois de ter dito aquelas palavras. Quando tomei coragem e ergui os meus olhos, não encontrei ninguém me desprezando. Na verdade, percebi os olhos se encherem de lágrimas, amigos sentindo o que eu estava sentindo, e foi justamente naquele momento que eu percebi como a vulnerabilidade pode ser libertadora. Ali, a minha coragem em admitir os meus erros, afirmando que era humana e que não tinha todas as respostas, mesmo sendo líder daquele grupo, me libertou.

Porém, isso foi apenas o início de um processo muito doloroso. Durante aquela reunião, consegui ser vulnerável, mas a minha dor piorou ainda mais, pois descobri que precisava olhar além da superfície do meu coração. Muitas vezes, pensamos que basta sermos abertos e o resto acontece automaticamente, mas nem sempre é assim. O processo de entrega completa pode começar com a vulnerabilidade, mas termina com a morte do nosso orgulho. E digo uma coisa: morrer é muito dolorido.

Quando mais nova, costumava sempre me enxergar como uma pessoa cheia de discernimento dos espíritos, que quase nunca errava. Era capaz de "cheirar" de longe pessoas falsas, perigosas, malandras e, geralmente, tinha um coração bem crítico. Entretanto, ao errar em meu noivado, eu comecei a perceber o orgulho que havia em mim, a autossuficiência por conta dos meus dons, e não devido ao meu relacionamento com Deus. Mesmo sendo uma pessoa sensível, eu ainda dependia, e dependo, completamente do Espírito Santo. Afinal, só Ele, de fato, vê todas as coisas e não podemos nos esquecer dessa verdade, independentemente do tempo que temos caminhado com Ele. Como eu precisava aprender a dependência d'Ele!

O interessante é que, se observarmos o Tabernáculo de Moisés, assim que entramos pelo portão, nos deparamos com o Altar do Sacrifício, que era o local onde os sacerdotes sacrificavam os animais, que deveriam ser puros, sem defeitos e totalmente vulneráveis como Jesus Cristo foi por nós naquela cruz. Ali, os animais eram imolados em nome do povo.

A vulnerabilidade faz parte desse processo de sacrifício. Deus nunca nos obrigará a nada. Pelo contrário, Ele anseia por um relacionamento de amor conosco. Por outro lado, assim como qualquer relacionamento íntimo, para nos conectarmos com Ele, necessitamos ser completamente vulneráveis, transparentes e entregues. Pode nos custar muito caro, mas isso é colocar nosso coração no altar, com tudo o que temos, tanto as partes boas como as ruins. Nossa carne não quer ser queimada no altar, mas o nosso espírito deseja algo maior e mais profundo, que excede a dor do fogo: a conexão com o coração do Pai. Por causa deste anseio, conseguimos perseverar nesse lugar de morte. Mas talvez você esteja se perguntando como isso funciona na prática. O que seria essa "morte" que precisamos experimentar?

A resposta está em Efésios 4:

> Que, quanto ao trato passado, vos despojeis do velho homem, que se corrompe pelas concupiscências do engano; e vos renoveis no espírito da vossa mente; e vos revistais do novo homem, que segundo Deus é criado em verdadeira justiça e santidade. (vs. 22-24)

O nosso velho homem deve ser sepultado constantemente, ou seja, a nossa carnalidade deve ser morta e colocada como sacrifício todos os dias. Deus não quer a morte dos nossos sonhos nem da nossa personalidade, mas, sim, da nossa carnalidade. Em outras palavras, tudo aquilo que vai contra a Sua Palavra, que é fruto de orgulho e desobediência, deve ser deixado no altar para morrer.

Essa "morte" começa com uma vida de oração. Quando começamos a orar, percebemos a dificuldade de concentração, de perseverança, batalhamos com sentimento de culpa, repetimos sem parar a mesma coisa e questionamos se Ele realmente está ouvindo. Não é verdade? Mas quando continuamos em oração e colocamos a nossa carne no altar, com fé e vontade própria, de repente, há mudança no mundo espiritual. Finalmente, parece que o Céu é liberado sobre nós e sentimos que algo começou a fluir.

O problema é que muitos nem chegam a experimentar isso, desistem em poucos minutos, pois sentem que aparentemente foi um tempo infrutífero tentando se concentrar, ou porque acabaram se distraindo com algo e, assim, terminaram a oração.

Eu me lembro que, quando eu estava nesse processo de aprendizagem, eu ficava um bom tempo orando e orando até que conseguisse sentir aquela leveza do Espírito Santo. Com o passar do tempo, os minutos de espera foram diminuídos. No começo, eram 50 minutos batalhando, depois o tempo caiu para 30 minutos, até que chegou a três. Assim, aos poucos, fui aprendendo a ser mais ágil em minha vulnerabilidade em Sua presença, entendendo também que, em seguida, era o momento de deixar a minha carne no altar para que fosse queimada.

Batalhei muito com a ira. Nunca fui uma pessoa explosiva, daquelas que saem berrando com os outros por aí, mas eu tinha uma raiva interna muito intensa, que poucos conseguiam enxergar. Raramente usei dela para prejudicar outras pessoas, porém, constantemente, maltratava a mim mesma. Isso me levou, inclusive, a ter problemas psicossomáticos de saúde. Isso sem contar a infelicidade que acabou tomando conta de mim por causa dos sentimentos de raiva que eu nutria. Sentia muita ira quando não era compreendida e valorizada pelas pessoas, mas também tinha uma grande raiva de mim mesma quando não conseguia ser boa, perfeita e incrível. Sim, eu sei que existe a ira santa, como aquela que Jesus teve ao trazer as verdades do Reino Celestial aqui na Terra, mas a minha era totalmente carnal e, conforme fui percebendo mais tarde, ela passou a me sufocar.

    A minha mãe sempre me alertava sobre essa fraqueza e dizia que eu precisava aprender a ser mansa como Jesus Cristo. Nunca fui de explodir e xingar as pessoas, mas, por dentro, eu fazia muito pior! Foi então que ela sugeriu que eu fosse todos os dias para a nossa igreja, orar no santuário, [que, naquela época, ficava vazio], e pedir para que o Espírito Santo me ajudasse a mudar.

    Comecei aquela rotina diariamente. Confesso que nem sabia o que dizer. O primeiro dia foi bem difícil. Não senti absolutamente nada e fiquei sem assunto depois de alguns minutos, mas, mesmo assim, determinei em meu coração permanecer ali por pelo menos uma hora.

Com o passar dos dias, comecei a sentir mais e mais a presença de Deus e a ter encontros que mudaram a minha vida. Lembro-me que um dia eu me sentei em um dos degraus da escada e, chorando, clamei para que Ele viesse sobre mim e me transformasse. Logo depois, senti Sua resposta: "Só passe tempo em Minha presença". Na hora, pensei que fosse da minha cabeça, pois aquilo não fazia o menor sentido. Achava que eu precisava me esforçar mais para merecer um coração melhor, mas o que descobri é que, ao passar tempo em adoração, em momentos íntimos com Ele, meu coração começava a se moldar de acordo com o que Ele queria. Não era o meu esforço para não me irar ou para me controlar que me ajudou na transformação, mas, sim, a constante oração, entrega e a disposição de me colocar no Altar do Sacrifício.

Foi assim que, tempos mais tarde, entendi que muito da minha ira estava enraizada na rejeição. A ira acabou se tornando uma forma de me defender, fazendo com que eu sempre quisesse me proteger e me convencer de que eu estava certa. Naqueles momentos de oração, ao colocar a minha carnalidade no altar, Ele vinha com o Seu fogo transformador e começava a me moldar.

    O altar de sacrifício no Tabernáculo de Moisés era no formato de um cubo bem grande, revestido de bronze, com quatro chifres em cada ponta, onde as cordas que prendiam os animais eram amarradas. Ali, o fogo era colocado para o sacrifício, a fim de que toda carne do animal fosse queimada completamente. Todos os elementos dos átrios eram revestidos de bronze, que, não por acaso, representava julgamento. Isso significa que, assim como acontecia na época do Tabernáculo, o julgamento vem somente sobre a nossa carnalidade e, por isso, devemos aprender a deixá-la no altar.

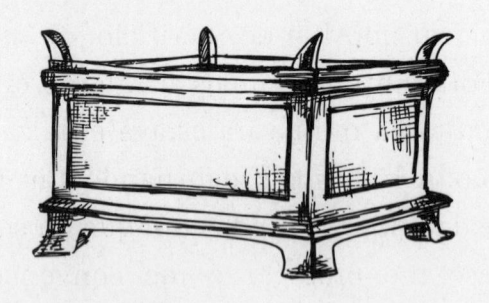

Altar de Bronze/Sacrifício

A respeito desse assunto, o apóstolo Paulo deixa ainda mais claro quando nos ensina sobre as obras da carne em Gálatas 5:

> Porque as obras da carne são manifestas, as quais são: adultério, fornicação, impureza, lascívia, idolatria, feitiçaria, inimizades, porfias, emulações, iras, pelejas, dissensões, heresias, invejas, homicídios, bebedices, glutonarias, e coisas semelhantes a estas, acerca das quais vos declaro, como já antes vos disse, que os que cometem tais coisas não herdarão o reino de Deus. (Gálatas 5.19-21)

Muitos de nós podem olhar para essa lista e pensar que estão livres, mas a carnalidade tem inúmeras formas e diversas vezes é tão sutil que mal conseguimos perceber. Na verdade, tudo aquilo que entristece o Espírito Santo é parte de nossa carnalidade. A nossa falta de confiança n'Ele; o egoísmo de apenas buscarmos a nossa vontade; a frustração quando Deus não responde nossos pedidos como desejamos ou até o desânimo em nossa busca por Sua presença são reflexos da nossa carne. Entretanto, por mais dolorido que seja, precisamos aprender a colocar todas essas coisas no altar e deixar que Ele queime tudo. Afinal, esse fogo é transformador! Não apenas isso, mas o seu resultado sempre gera alegria e alívio, pois é nesse instante que o peso enorme sai de nós.

O momento em que decidimos renunciar essas coisas é o início de um processo. Muitas vezes, pensamos que tudo vai ser resolvido em um único ato, mas, na verdade, esse fogo transformador nos acompanha por toda a nossa jornada de relacionamento com Deus, e isso leva tempo. Assim como a preparação de um prato ou uma sobremesa especial, não podemos apressar o tempo de cozimento. Isso foi algo que a cozinha me ensinou muito bem na prática. Sempre amei fazer bolos de todos os tipos, aqueles altos para casamento ou até os simples para comer no chá da tarde. Confesso que sou um pouco apressada, e talvez esse seja um dos meus maiores defeitos na cozinha – e na vida (risos). Eu queria que todas as receitas fossem rápidas. Não gostava de receitas que levavam muito tempo, que tinham muitos passos, ou pratos que precisavam ir para a geladeira e esperar 24 horas. Eu queria velocidade!

 Eu me lembro de uma época em que estava à procura do MELHOR bolo de chocolate, daquele superúmido, sem ser denso, com uma cor perfeita bem escura e com muito gosto de chocolate de verdade. Testei inúmeras receitas e finalmente encontrei uma antiga e decidi tentar, mas, ao olhar o tempo que ficaria no forno, quase desisti. Em vez de 40 minutos, teria de ficar no fogo baixíssimo por uma hora ou mais. Pode até parecer bobagem, mas para mim era MUITO tempo para ficar esperando.

 Como não conseguia acertar nenhuma receita, pensei: "Vai que dá certo?!". Peguei todos os ingredientes, medi corretamente, misturei tudo na ordem, coloquei a massa em uma fôrma untada e lá se foi para o forno no fogo bem baixo. Depois de 30 minutos, fui olhar se estava quase pronto, e nada! Ainda estava praticamente cru. Após uma eternidade, retirei o bolo e precisava esperar esfriar completamente para colocar a cobertura, o que seria mais uma hora no relógio e eu, no fundo, só imaginando se valeria a pena toda essa espera.

O bolo ficou pronto depois de duas horas e meia: 20 minutos de preparo, uma hora no forno, uma hora esfriando e 10 minutos para colocar a cobertura. Cortei um pedaço, e logo já vi a cor que queria, bem escura e profunda. Ao colocar a fatia no prato, podia sentir aquele cheiro maravilhoso. Então, peguei um garfo para experimentar, coloquei na boca e, na hora, percebi que tudo tinha valido a pena. Ele estava com a textura certa, úmido no ponto, fofinho e com muito gosto de chocolate! Finalmente tinha acertado na receita de bolo de chocolate!

O curioso é que essa experiência do bolo de chocolate é exatamente a nossa vida. Queremos tudo rápido, desde o bolo no forno até a nossa vida de adoração. Esperamos acordar, ler dois versículos e ter um encontro angelical no nosso quarto em 15 minutos, e, logo em seguida, sair para trabalhar. A vida anda em uma velocidade descomunal: a comunicação, a tecnologia, os empreendimentos, as novidades, as notícias e a sociedade parecem nos pressionar para correr mais ainda. Tudo precisa ser feito rápido, para ontem, e essa demanda acaba por nos esgotar completamente.

Porém, dentro disso, é importante mencionar que quando passamos por alguma crise, por exemplo, talvez pensemos que as primeiras coisas que precisamos para vencer sejam o jejum e a oração. Só que o que muitos não comentam é que não é a crise que nos constrói, ela apenas revela o que nós construímos até aquele momento. É claro que durante as crises temos a oportunidade de melhorar e perceber as transformações, mas como seria bom se essa busca e entrega já fizessem parte natural da vida de todo cristão. Dessa maneira, a transformação e a vitória durante as crises viriam de forma muito mais natural. Aprenderíamos, então, a importância da espera no fogo, a espera do tratamento do Senhor, a espera da nossa "morte" carnal.

Pare um minuto agora, tome um tempo para orar. Talvez você comece com muitas repetições, uma batalha em sua mente, muitas distrações, bocejos, preguiça de continuar – mas tente. Coloque todas as ansiedades, preocupações, mágoas, frustrações, pecados, desejos errados e todo peso no Altar de Sacrifício. Persevere nesse lugar, mesmo que demore um pouco, a culpa irá embora e, então, você sentirá a doce presença do Espírito Santo vindo com alívio e com as águas que curam e purificam.

Em seguida, no Tabernáculo de Moisés, após o Altar de Sacrifício, havia a Pia do Lavatório, descrita em Êxodo 30:

> Farás também uma pia de cobre com a sua base de cobre, para lavar; e a porás entre a tenda da congregação e o altar; e nela deitarás água. E Arão e seus filhos nela lavarão as suas mãos e os seus pés. (Êxodo 30.18-19)

Essa pia era revestida de cobre e forrada de espelhos, que haviam sido ofertados pelas mulheres de Israel. Isso fazia com que a água, ao cair na pia, refletisse duas vezes: naturalmente e nos espelhos no fundo do lavatório. Assim como o fogo do altar representava o Espírito Santo, a água da pia também simbolizava a purificação que acontece através da Palavra de Deus, pois a Bíblia é como um espelho para a nossa alma (Tiago 1.22-25).

Pia do Lavatório

Sendo assim, os sacerdotes, após realizarem o sacrifício no altar, precisavam lavar as mãos e os pés no lavatório. Mãos simbolizam as obras e os pés, o caminhar. Mesmo usando uma roupa tão sofisticada, aqueles homens de Deus permaneciam descalços no Tabernáculo. Isso era um lembrete de que eram humanos, conectados ao pó da terra, ainda que tivessem acesso à Presença de Deus. Ali todos os sacerdotes se purificavam para depois entrarem no Santo Lugar, pois não poderiam adentrar com as mãos e os pés sujos.

Em nossa vida não é diferente. Além de deixarmos a carnalidade no altar, precisamos ser purificados pela água do Senhor e Sua Palavra. Mesmo que, no momento, você sinta que não está vivendo em pecado, sempre estamos em contato com as coisas terrenas e, constantemente, necessitamos de alívio, limpeza e restauração.

Imagine uma visita ao depósito de lixo de sua cidade. Ainda que você não encoste em absolutamente nada, muito menos se assente por ali, só de caminhar por aquele lugar nojento, ao chegar em casa, você sentirá a necessidade de tomar banho e trocar de roupa. Talvez você não esteja sujo, mas esteve em um ambiente cheio de sujeira. Assim também é em nosso cotidiano, pois passamos por muitas coisas ao longo do dia: maus falatórios, imoralidades e até demônios em nosso ambiente de trabalho, estudo e família. Por isso, temos de nos purificar com as águas do Senhor.

Isso me faz pensar em como seria se não tivéssemos como lavar os utensílios após cozinharmos. Imagine se não houvesse pia na minha cozinha. Eu teria de usar tudo descartável. Em vez de lavar meus lindos pratos de louça e os copos de escolhi com tanto carinho, teria de usar copos e pratos de plástico e depois jogá-los fora.

Naquele dia, quando acabei de fazer o delicioso bolo de chocolate, olhei ao redor e vi a pia lotada de louças e talheres sujos de chocolate, farinha, creme de leite e tudo o mais. Porém, por mais árdua que fosse a tarefa, eu tive de lavar tudo para que pudesse usar todos aqueles utensílios novamente. Deus faz da mesma forma conosco. Ele deseja muito nos usar, mas para que isso aconteça, precisamos estar puros. Graças a Deus não somos descartáveis, mas somos peças preciosas aos olhos do nosso Pai, que precisam ser limpas para serem usadas vez após vez. O lugar onde Ele nos lava é um lugar de alívio, amor e de confiança.

Somente depois de passarmos por esse lugar é que conseguiremos vê-lO. Em Mateus 5.8 está escrito que os puros de coração verão a Deus, ou seja, terão intimidade com Ele. Ver a Deus é encontrá-lO, é estar na presença do Rei após um preparo específico. Muitos preferem somente ganhar algum benefício na presença de Deus, mas a verdade é que nós nascemos para habitar em Sua presença.

Entretanto, não acaba por aí. Após esse momento incrível de purificação, nos deparamos com o Santo Lugar. A cortina para entrar neste lugar se chamava "Verdade", pois somente através da verdade conseguimos entrar em adoração genuína. Dentro deste lugar não existem mais segredos, nada fica encoberto, porque ali nos encontramos lavados, vulneráveis e dependentes d'Ele.

PRATO PRINCIPAL

Parte II

AROMA SUAVE

Quarto Capítulo

P osso estar bem longe da cozinha, mas se alguém abrir a geladeira, eu sempre percebo na hora. Meu nariz pode ser pequenininho, mas de todos os meus cinco sentidos, com certeza, o olfato é o mais apurado. Sabe aquele cheirinho de cachorro molhado que fica na roupa quando elas não secam direito? Pois é, acho que consigo sentir o odor a um quarteirão de distância. Inclusive, é pelo cheiro que me lembro das pessoas, por mais estranho que possa parecer. O engraçado é que isso acontece também enquanto estou na cozinha. Eu sempre salgo a minha comida pelo aroma, aliás, consigo saber se está insosso ou não sem precisar levar o alimento à boca.

Dizem que o sentido que mais ativa o gatilho da nossa memória é o olfato[1]. É só aparecer algum cheirinho que, automaticamente, os sentimentos, sensações e lembranças, sejam elas boas ou ruins, vêm à tona.

Quando tinha oito anos de idade, já há algum tempo morando na Inglaterra, eu descobri uma flor que havia por todo lado e tinha um cheiro muito forte. Ela se chama frésia e é uma espécie rara em países tropicais, mas com um perfume incrível. É por isso que, mesmo hoje, sempre que me deparo com essa flor, paro tudo o que estou fazendo para sentir sua fragrância e, imediatamente, sou transportada de volta àquela época especial na vida da nossa família.

---

[1] Matéria publicada pelo Jornal Zero Hora, no dia 30 de julho de 2019. **Olfato é fundamental para a proteção, a memória e o prazer**. Disponível em *http://www.pucrs.br/inscer/olfato-e-fundamental-para-a-protecao-a-memoria-e-o-prazer/*. Acesso em novembro de 2019.

Entretanto, por mais que ame o perfume das flores, nada bate o cheiro de uma boa comida quando estamos com muita fome. Naquela época, eu voltava da escola esfomeada, por volta das 16 horas da tarde, e sempre havia algo sendo preparado na cozinha. O melhor de todos era o bolo de manteiga quentinho que minha mãe fazia. Do *hall* de entrada, já sentia aquele cheiro hipnotizante e a minha barriga, instantaneamente, já começava a sorrir, sabendo que, muito em breve, comeria aquela delícia. Já faz muito tempo que não moro mais na casa da minha mãe, mas todas as vezes que ela coloca esse bolo para assar, lembro-me da minha infância feliz.

Dentro disso, algo que fico pensando é que, certamente, Deus tem o nariz infinitamente mais sensível do que o meu. Afinal, foi Ele quem criou esse lance todo de cheirar. Além do mais, se prestarmos atenção, é incrível o número de vezes que a Bíblia menciona a respeito de "perfume", "cheiro", "incenso" ou "Suas narinas". Ao longo de toda a Palavra, é recorrente pessoas Lhe trazendo perfumes de presente, derramando-os aos

Seus pés, ou até mesmo revelando a adoração como um aroma suave. Isso me faz pensar no porquê de o cheiro ser tão importante para Deus.

Toda vez que a palavra incenso aparece na Bíblia, ela se refere à mistura de especiarias particulares que eram queimadas diante da presença de Deus. Por isso, havia um altar de incenso dentro do Santo Lugar para o preparo dessas especiarias. Deus, inclusive, instruiu Moisés exatamente como deveria produzir o incenso.

> Disse mais o Senhor a Moisés: Toma especiarias aromáticas, estoraque, e onicha, e gálbano; estas especiarias aromáticas e o incenso puro, em igual proporção; e disto farás incenso, um perfume segundo a arte do perfumista, temperado, puro e santo; E uma parte dele moerás, e porás diante do testemunho, na tenda da congregação, onde eu virei a ti; coisa santíssima vos será. Porém o incenso que fareis conforme essa composição, não o fareis para vós mesmos; santo será para o Senhor. (Êxodo 30.34-37)

Todos esses ingredientes – o doce e o amargo – eram triturados até ficarem bem finos, depois amassados e misturados com olíbano[2] e, por fim, era adicionado sal à mistura. Ao término do procedimento, essa substância gerava um perfume maravilhoso e doce, que era colocado no fogo do altar de incenso, fazendo com que o Lugar Santo e até o Santo dos Santos fossem preenchidos por essa fragrância.

Altar de Incenso

---

[2] Óleo essencial utilizado na fabricação de incensos.

Esse incenso é uma representação de Cristo, que foi esmagado e abatido. Ele sofreu amargamente, passou pelo fogo dos sofrimentos e foi vitorioso, tornando-se cheiro suave ao Seu Pai. Jesus era o equilíbrio de todas as fragrâncias, a perfeita medida do doce da graça, verdade, misericórdia, retidão e santidade. Pela Sua obediência, tornou-Se o nosso Mediador, e nosso maior e fiel Intercessor.

O altar de incenso, por sua vez, tem tudo a ver com a intercessão, já que era o lugar onde todas as orações subiam a Deus como um cheiro suave. Em seguida, toda essa fragrância enchia o ambiente. Não há limites de espaço quando falamos de cheiro, principalmente se estiver em uma sala fechada; quando isso acontece, o aroma simplesmente invade e toma conta do lugar inteiro, assim como nossa oração.

Esse é o momento quando nos conectamos com Deus e O exaltamos; e é no altar de incenso onde nossa intercessão se torna uma com o clamor do coração do nosso Pai. É impossível sermos intercessores se não tivermos acesso a Deus; portanto adoração e intercessão são absolutamente inseparáveis. A intercessão só acontece através de Cristo, pois além de ser nosso grande exemplo, Ele é o próprio caminho de acesso à presença de Deus.

Hoje, não temos um altar para queimar incenso, mas temos nossas orações, nossa adoração e nosso louvor a Ele. Todas as vezes que nos apresentamos inteiros diante de Deus, sem esconder nada e com verdade em nosso coração, Ele nos aceita como um bom aroma em Suas narinas. Percebo que, muitas vezes, não compreendemos que a nossa adoração engloba tudo o que somos: o doce, o amargo e o salgado. O que significa que tudo isso será colocado no fogo de Sua presença.

Vejo tantas pessoas que, ao pararem de "sentir a presença de Deus" simplesmente deixam de adorar, ou quando erram, sentem vergonha e evitam momentos em Sua presença. É como se pensassem que precisam estar doces e lindos para entregarem algo para Deus, mas não é bem assim. O Senhor quer a riqueza total daquilo que somos: as lágrimas salgadas misturadas com os momentos doces da vida, as histórias amargas, amassadas juntamente com os frutos suculentos da obediência.

Sempre penso na vida de Davi, um homem adúltero, homicida e mentiroso, mas que, devido ao seu coração quebrantado, foi chamado de "um homem segundo o coração de Deus". Como uma pessoa que faz todas essas coisas poderia ter intimidade com Deus? Ele é santo, poderoso e onde está não existe trevas, mas nunca podemos nos esquecer de que Ele também é cheio de misericórdia e graça para com todos aqueles que se arrependem verdadeiramente e desejam transformação. Será que somos capazes de entregar tudo a Ele, sem reservas?

O fogo em nossas vidas, ou seja, as tribulações que surgem no caminho, as calúnias que sofremos, as traições, os abandonos, os frutos ruins que precisamos colher, as doenças e todo tratamento difícil em nosso caráter são parte desse momento. A minha história é repleta de vales e montanhas, muitas delas, vergonhosas, outras, vitoriosas, tantos erros e acertos, porém, mesmo assim, eu sei que posso entregar um incenso suave todas as vezes que me achego com um coração verdadeiro diante d'Ele. Que mesmo em meio à minha tribulação ou quando estiver passando pelo fogo, ainda suba a Ele um cheiro suave através de mim.

Há mais de 19 anos sou líder de louvor e adoração e, mesmo assim, passei as piores crises emocionais da minha vida durante esse período. Muitas vezes, no auge da minha crise, precisava ministrar para uma congregação. Não podia fingir que estava tudo lindo e maravilhoso; primeiro, porque sou péssima em disfarçar sentimentos e, segundo, porque tudo é para Deus e Ele sabe de todas as coisas. Então, tudo o que eu fazia era começar a cantar enquanto, ao mesmo tempo, as lágrimas escorriam pelo meu rosto. Naqueles momentos, eu só queria desabar, mas era justamente ali que Ele aparecia com Sua presença manifesta e transformava o ambiente, tocava os corações e, por fim, me curava também. Com isso, aprendi que não preciso ter todas as respostas ou ser perfeita, mas apenas estar com o coração limpo e verdadeiro.

Por outro lado, muitos se utilizam disso como uma desculpa para ministrar em pecado, mas não é a isso que estou me referindo. Em momentos como os que mencionei, eu estava sofrendo por alguma situação ou simplesmente não estava bem emocionalmente, mas não por conta de mágoas, amarguras ou pecados. Quando o coração está impuro ou estamos vivendo uma vida de pecado, é necessário arrependimento e temor do Senhor para que, assim, possamos viver completa e verdadeiramente diante d'Ele.

Isso me faz chegar à conclusão de que, assim como eu sei diferenciar o cheiro do bolo de manteiga da minha mãe do cheiro do bolo da vizinha, o Senhor sabe distinguir quando o incenso está sendo entregue corretamente a Ele. A Bíblia nos conta que os filhos de Arão ofereceram fogo estranho diante de Deus (cf. Levítico 10), e Ele não só não aceitou aquilo como os consumiu com fogo. O incenso deveria ser produzido da maneira correta, em obediência e com o coração puro. Muitos oferecem um fogo estranho, ou seja, uma falsa adoração, onde a boca e o coração estão vazios e falta o verdadeiro incenso do coração.

Isso significa que corremos o risco de, no momento de adoração, nos preocuparmos mais com formas e aparências do que com a nossa real conexão com Deus. Dessa maneira, sem perceber, podemos acabar levantando uma fachada de santidade, fervor e paixão, sendo que, na realidade, estamos muito longes d'Ele.

Manter-se perto de Deus é muito simples, mas nos custa muito. Precisamos desenvolver uma vida de arrependimento rápido, cultivando um coração pronto a pedir perdão logo que erramos, obedecendo sempre Sua voz, mesmo que ela não apareça como um grito alto e claro, mas como uma pequena e suave voz dentro da nossa consciência. Lembrando de nos entregarmos por inteiro, com total verdade, e deixarmos que o fogo nos queime e extraia o melhor de nós.

Em contrapartida, o altar de incenso também representa exaltação, um lugar onde glorificamos e exaltamos o nome de Cristo acima de todos os outros e, por isso, temos a oportunidade de levantar nossos olhos a Ele, além das ondas ao nosso redor. Há um poder milagroso no momento em que decidimos exaltar Seu nome em meio à nossa guerra, deserto ou quando tudo parece estar dando errado.

O interessante é que as Escrituras nos contam a respeito de muitas situações em que o louvor e a adoração trouxeram vitória sobre os inimigos de Israel. Em Josué 6, quando o povo de Israel estava para conquistar Jericó, acabou se deparando com as muralhas gigantes ao redor da cidade. Então, o povo de Deus, seguindo Suas instruções, marcharam ao redor das muralhas por sete dias e, no último dia, deram sete voltas seguidas em torno dela. Na última volta, exaltaram o nome de Deus com um grande grito de vitória, e, para a surpresa de todos, as muralhas caíram por terra.

Um outro exemplo aconteceu com o rei Josafá. Em 2 Crônicas 20, o povo saiu para guerra e foi avançando enquanto cantavam e louvavam ao Senhor. Ao mesmo tempo, Deus havia preparado emboscadas contra seus inimigos e, ao chegarem ao território adversário, todos já estavam mortos, a vitória era novamente do povo de Israel.

Há um grande poder na exaltação, na perseverança de manter nossos olhos em Deus nos momentos em que as circunstâncias e, até a nossa mente, falam o contrário. Esse altar de incenso deve estar presente em nossa vida diariamente, sabendo que o Senhor é quem batalha por nós e que a escolha de exaltá-lO em cada circunstância sempre será a melhor solução.

Além do altar de incenso no Lugar Santo, o Tabernáculo continha um candelabro com sete lâmpadas, usado para iluminar o local. Aqui, o curioso é que, novamente, a figura do fogo aparece. Não só isso, mas o candelabro era uma peça muito especial:

> Também farás um candelabro de ouro puro; de ouro batido se fará este candelabro; o seu pé, as suas hastes, os seus copos, os seus botões, e as suas flores serão do mesmo. (Êxodo 25.31)

Esse candelabro era feito inteiramente de ouro e era muito elaborado, chamando a atenção por suas sete hastes, onde os sacerdotes enchiam de óleo para manter o fogo aceso. O número sete representa inteireza, cumprimento e perfeição – assim como Cristo é perfeito. Esse óleo, ou azeite, era colocado cerca de três vezes ao dia para que o fogo nunca cessasse.

O Mauro, que me ajudou a pensar e desenvolver este livro, é meu amigo desde a infância, e ele sempre foi o responsável pelos churrascos nas festas e reuniões de nossos amigos. Dizem que ele faz o melhor churrasco do mundo e todas as vezes que pergunto o segredo das carnes que ele faz, ele sempre me responde a mesma coisa: "O fogo!". Isso quer dizer que se a picanha precisa de um fogo forte e a grelha bem perto para ficar gostosa, e a costela, de um fogo baixo por longas horas para ganhar maciez, a melhor coisa que tenho a fazer é: deixá-lo continuar fazendo o churrasco. Brincadeiras à parte, conforme fui aprendendo a cozinhar, descobri que existe um fogo certo para cada tipo de carne. O fogo é algo muito importante, não só no churrasco como na História da humanidade e na Bíblia.

Candelabro

É por esse motivo que acredito que no Lugar Santo existiam dois tipos de fogo: aquele que queimava as especiarias, resultando em um incenso suave, e o fogo que queimava com o óleo do candelabro. O fogo do altar de incenso é o das tribulações, das dificuldades que nos purificam e tratam nosso caráter. Já o fogo do candelabro é o próprio fogo do Espírito Santo, que arde em nós com fervor e uma nova paixão por Ele, trazendo a luz da revelação e se manifestando em poder.

Ao contrário do que muitos pensam, o candelabro não era formado por velas, mas por pequenos recipientes onde o óleo era acrescentado, fazendo com que o fogo acendesse e iluminasse todo o lugar. Sem o óleo, não haveria luz nem fogo. Mas o que seria esse óleo? É exatamente isso o que a passagem de Mateus 25 nos revela:

> Então o reino dos céus será semelhante a dez virgens que, tomando as suas lâmpadas, saíram ao encontro do esposo. E cinco delas eram prudentes, e cinco loucas. As loucas, tomando as suas lâmpadas, não levaram azeite consigo. Mas as prudentes levaram azeite em suas vasilhas, com as suas lâmpadas. E, tardando o esposo, tosquenejaram todas, e adormeceram. Mas à meia-noite ouviu-se um clamor: Aí vem o esposo, saí-lhe ao encontro. Então todas aquelas virgens se levantaram, e prepararam as suas lâmpadas. E as loucas disseram às prudentes: Dai-nos do vosso azeite, porque as nossas lâmpadas se apagam. Mas as prudentes responderam, dizendo: Não seja caso que nos falte a nós e a vós, ide antes aos que o vendem, e comprai-o para vós. E, tendo elas ido comprá-lo, chegou o esposo, e as que estavam preparadas entraram com ele para as bodas, e fechou-se a porta. E depois chegaram também as outras virgens, dizendo: Senhor, Senhor, abre-nos. E ele, respondendo, disse: Em verdade vos digo

que **vos não conheço**. (Mateus 25.1-12 – grifo da autora)

Esse trecho nos mostra que o óleo era o fator determinante para que aquelas mulheres estivessem com o noivo, tanto é verdade que a falta dele fez com que metade daquelas virgens perdesse a oportunidade. Isso porque as que tinham o óleo recusaram-se a dividi-lo, não por serem egoístas, mas por saberem que não haveria o suficiente. Quando, finalmente, as cinco virgens tolas retornaram com o óleo e bateram na porta, assim que as viu, o noivo lhes respondeu, porém não comentou nada a respeito do óleo, mas reforçou sobre o fato de não as conhecer.

Esse óleo representa a intimidade com o Noivo, algo que não é transferido através de uma imposição de mãos, oração ou profecia, mas que só pode ser adquirido no convívio individual com Deus. O interessante é que, na passagem, o noivo usa a palavra "conhecer", que na Bíblia tem o significado de intimidade, quando verdadeiramente nos conectamos e vivemos com uma pessoa, algo muito mais profundo do que apenas saber a respeito de alguém.

O óleo do candelabro, que mantém o fogo aceso, é aquele do "conhecer a Cristo". Desenvolvemos isso através do nosso tempo em Sua presença. Não há como mantermos uma paixão que pegue fogo, revelações da Sua palavra ou a manifestação do Seu poder se não tivermos o óleo que mantém o fogo ardendo.

Para nos mantermos sempre abastecidos, é necessário sabermos cultivar a presença de Deus em nossa vida individual. Começando com as coisas básicas, como: saber apreciar e perceber que Ele está em nosso meio, notando que, de alguma forma, Ele sempre está presente, e que está caminhando ao nosso lado.

Eu dou aula em minha igreja local e sempre passo para os meus alunos um exercício que costumo fazer em minha vida pessoal. Eu o chamo de "exercício de percepção da presença de Jesus". Na primeira semana, eles colocam no celular um lembrete a cada três horas, ao longo do dia, com o título: "Ei! Eu estou aqui. Assinado: Jesus". As histórias são muito interessantes, às vezes, em meio a um momento muito estressante, o celular vibra com o lembrete e, logo pensam antes de falar algo no instante de ira. Algumas vezes, estão desanimados com algo e, assim que veem o lembrete, são confortados; alguns até, em certos momentos, estão falando mal de alguém e, com o lembrete, são confrontados com Sua presença.

    Todas as vezes, após aplicar esse exercício, nós o mudamos um pouco na semana seguinte. Então, peço para escolherem dois ou três instantes para procurarem e enxergarem Jesus em seu dia a dia. Por exemplo, por vezes, enquanto estou cozinhando, procuro sentir onde Jesus está na cozinha. Será que está na bancada, ao meu lado ou sentado no banquinho do canto? Depois que descubro onde Ele está, pergunto o que está sentindo, o que está pensando e, ali, enquanto faço o jantar, dividimos um momento. Claro que, por conta disso, frequentemente, a comida acaba atrasando, enquanto choro ou dou risada entre as panelas, mas mesmo sendo algo tão simples, coisas muito profundas surgem desses singelos momentos em Sua presença.

É bem verdade que, no momento em que nascemos de novo, o Espírito Santo passa a habitar em nós, porém precisamos desenvolver essa intimidade com Ele. Assim como as ovelhas reconhecem a voz de seu pastor, conforme João 10.27, quando passamos tempo suficiente com Ele, nós também somos capazes de reconhecer a Sua voz, mesmo em meio a muitas outras.

O problema é que, muitas vezes, enfrentamos dificuldades em ouvir com clareza os direcionamentos de Deus, pois, na verdade, não conseguimos reconhecer Sua voz. Em geral, nos falta tempo a sós, momentos em silêncio com Ele, pois quando isso acontece, até mesmo quando Deus não diz nada, somos capazes de reconhecê-lO. O óleo do candelabro é constante, incessante, partindo de um lugar de amor profundo por Ele, de um verdadeiro entendimento de quem Ele é para nós. Não apenas isso, mas este só tem espaço para surgir quando O conhecemos, não somente de histórias, mas de olhar nos olhos, de segurar as mãos e saber que não existe lugar melhor do que este: junto d'Ele.

O PÃO QUE SATISFAZ

Quinto Capítulo

A mo uma mesa bem posta, com uma toalha bem bonita, talheres, pratos e cálices combinando, além das flores com suas lindas cores, aguardando a tão desejada comida. Desde nova, sempre me imaginava naquelas festas superfinas, com inúmeros utensílios à mesa. Estudava quais eram as funções de cada talher, cálice e a ordem para cada uso, pois, pensava eu, quem sabe um dia estaria em uma dessas festas e, se fosse esse o caso, não queria passar vergonha. Quando finalmente fui incumbida de organizar um desses jantares mais requintados e colocar uma mesa completa e linda, fiquei muito feliz.

Estava muito animada. Não podia faltar nenhum detalhe, pois cada peça era fundamental. Havia um convidado muito especial para aquele jantar e tudo precisava estar perfeito. Foi uma noite inesquecível! Eu fiz apenas o serviço, mas me senti muito honrada de participar de alguma forma. Naquela noite, quando deitei a cabeça no travesseiro, fiquei imaginando Jesus em um banquete como aquele: quais flores seriam escolhidas? Como seriam os pratos e talheres? Qual seria o prato principal?

Depois de muitos anos, quando já nem me lembrava desse episódio, estava tomando o meu costumeiro chá na cozinha da minha casa quando, de repente, senti que alguém havia puxado a cadeira e se sentado bem à minha frente. Respirei fundo. Eu sabia muito bem quem tinha acabado de chegar para uma conversa. Em um momento tão comum e corriqueiro da minha vida, enquanto estava na metade da xícara do meu chá preferido, o Criador de todas as coisas escolheu se assentar comigo.

Naquele instante, não importava qual era a xícara que eu estava segurando, mas, sim, quem segurava a minha atenção, o meu coração e todas as minhas emoções. O meu Amado estava ali, sereno, somente respirando o mesmo ar que eu. Ficamos um bom tempo em silêncio, com as minhas lágrimas, para variar, escorrendo em minhas bochechas. Sabia que jamais alguém me tocaria daquela forma, seria tão especial como Ele ou conseguiria me ler tão profundamente. Ele sabia exatamente o que eu precisava, não tinha a necessidade de uma palavra sequer. Estar ali, com Ele, já era suficiente.

Quando penso na bondade de Deus, um banquete, inevitavelmente, me vem à mente. E talvez, ninguém ilustre melhor a combinação dessas duas coisas do que a história de Mefibosete. Ele era filho de Jônatas, o grande amigo de Davi, que acabou morrendo em batalha com seu pai, Saul. A Bíblia nos conta que, quando a terrível notícia chegou em sua casa, a babá de Mefibosete apressadamente fugiu para salvar a sua vida, mas, em um instante de descuido, deixou o menino cair ao chão, fazendo com que ele ficasse aleijado dos dois pés pelo resto da vida (cf. 2 Samuel 4.4).

Muito tempo depois, quando Davi já estava estabelecido como rei de Israel, ele se lembrou de Jônatas e quis honrar a sua amizade, apesar de ele estar morto. Foi quando um antigo servo de Saul lhe contou sobre Mefibosete e Davi mandou chamá-lo para morar com ele em Jerusalém:

> Morava, pois, Mefibosete em Jerusalém, porquanto sempre comia à mesa do rei, e era coxo de ambos os pés. (2 Samuel 9.13)

Mefibosete foi alvo da bondade do rei Davi e da lealdade que ele tinha para com seu pai. Mesmo sendo aleijado e deixado de lado pela sociedade, aquele homem foi lembrado e convidado a sentar-se à mesa do rei todos os dias de sua vida. Além disso, Davi devolveu-lhe todas as terras que pertenciam ao seu avô Saul.

Talvez nem nos sintamos em condições de nos sentar à mesa com o Rei. Quem sabe, assim como Mefibosete, vivemos com nossas imperfeições, fraquezas e deficiências, mas, pela bondade extrema de Deus, nós podemos ser inundados com a Sua presença em nossa vida diariamente. Quantas vezes, quando nos sentimos deslocados, invisíveis e sem um lugar "para chamar de nosso", o amor do Pai nos acolhe, reservando-nos um lugar à Sua mesa, enxergando aquilo que realmente somos, sem julgamentos, apenas com aceitação.

    A primeira vez que a palavra "mesa" aparece na Bíblia foi quando Moisés foi instruído a construir a mesa dos pães asmos dentro do Santo Lugar. A mesa era feita de madeira de acácia, que representava pureza, e era coberta de ouro, que representa divindade. No Lugar Santo, não havia mais elementos feitos com bronze, apenas ouro, pois ali não havia mais julgamento como nos Átrios. Todo julgamento já havia sido dado à nossa carnalidade no Altar de Sacrifício. Já no Lugar Santo, estamos mortos para nós mesmos e podemos receber da Sua divindade.

Essa mesa representa o lugar de comunhão com Jesus Cristo, o Pão da vida (João 6.25-63), enquanto os 12 pães representam as tribos de Israel, que também são 12. Em hebraico, o nome desse pão é *lechem*, que significa "o pão da face ou pão do rosto". Em outras palavras, é o pão pelo qual Deus se revela. É o momento face a face, onde nossos olhos estão somente em Jesus e em mais ninguém.

Esses não eram pães comuns, mas feitos sem levedura, ou seja, sem fermento. Isso, porque, nem sempre, na Bíblia, o fermento é algo positivo. Em Mateus 6.6-15, por exemplo, Jesus nos alerta a respeito do fermento dos fariseus. Ele se referia à hipocrisia e ao orgulho do coração, que, por fora, poderia estar estufado, mas por dentro não havia caráter aprovado. Os pães dentro do Santo Lugar não levavam esse fermento, pois naquele ambiente não tinha espaço para algo que não fosse verdadeiro.

Isso me faz lembrar de algo que aprendi a respeito do Santo Lugar. Há dias em que eu acordo com vontade de comer alguma coisa,

Mesa dos Pães Asmos

mas sem ideia do que seja. O único jeito de descobrir é testando. Começo com uma fruta, depois um pedaço de torta e tento até um bife acebolado, mas, no fim do dia, acabo comendo muito e indo para a cama frustrada, pois nem eu mesma sabia o que tanto desejava. Outros dias já acordo com a certeza de que quero algo específico e logo compro, ou preparo, e pronto, problema resolvido. É claro que, aqui, estamos falando apenas do meu estômago, algo muito simples, mas o que eu aprendi é que o grande problema é quando esse sentimento cresce e contamina o nosso coração, dando lugar a uma insatisfação pessoal e interna.

É cada vez mais comum encontrarmos pessoas insatisfeitas e sem contentamento. Com toda essa loucura de estarmos conectados a todo momento, fica quase impossível não olharmos a "grama do vizinho", e, com isso, crescermos na comparação, inveja, competição e, por fim, no vazio dentro do nosso coração. Pensamos que a solução seria ser mais ricos, bonitos ou influentes, ter um carro x, uma casa y, milhares de seguidores nas redes sociais, e por aí vai. De fato, a insatisfação é muito mais recorrente nos dias de hoje do que na época em que não havia *internet*. O nosso guarda-roupa era repleto de coisas que nós gostávamos sem ter conhecimento do que as mulheres em Paris estavam usando no momento.

Por outro lado, é inegável como a tecnologia nos proporcionou praticidade, informação, conexão e tantos outros benefícios. O problema nunca foi a tecnologia ou o seu crescimento, mas, sim, o ser humano insatisfeito e sem a noção do que verdadeiramente poderia satisfazê-lo.

Lembro-me da minha adolescência, quando todos vestiam certas roupas e precisavam ter o tênis da moda, e minha família não tinha condições para adquirir essas futilidades. Enquanto todos usavam marcas famosas, eu andava com um tênis de um fabricante genérico. Por outro lado, sempre me recordo das conversas em família, com minha mãe e meu irmão, sobre o que realmente importava. Poderíamos comprar aquele tênis mais caro e famoso, mas teríamos de abrir mão dos livros, escola, cursos ou viagens educacionais. Eram nessas horas também que minha mãe aproveitava para nos dizer: "Os outros são os outros, vocês são meus filhos". E aquilo sempre acabava com a discussão, afinal, não havia argumentos contra isso.

Os anos se passaram, mas ainda consigo ouvir Deus constantemente me dizendo: "Os outros são os outros, você é você". Era engraçado como tudo na minha vida parecia ser mais devagar do que com o resto mundo. Estranhamente, tudo demorava mais comigo. Os outros cresciam, desenvolviam-se, sabiam o que queriam da vida, formavam-se na faculdade, faziam pós-graduação, casavam-se rápido, tinham filhos depressa, compravam imóveis num piscar de olhos, e eu, ali, lutando para ter pelo menos uma dessas coisas. Pedia a Deus que acelerasse a minha vida; afinal de contas, não queria "perder minha juventude" sem sair do lugar. A questão é que, com o tempo, eu percebi que a minha oração tinha pouco a ver com minha "juventude", e muito a ver com a insatisfação que partia da minha comparação com os outros.

Eu me lembro de, certa vez, estar em um voo retornando para o Brasil de uma viagem frustrada, que eu havia planejado e estava cheia de expectativas, porém, infelizmente, nenhuma delas se tornou realidade. Ali, sentada naquela poltrona, sem entender o porquê de tudo aquilo, eu sentia como se a minha alma e os meus pensamentos estivessem pesando ainda mais aquele avião. Enquanto todos estavam dormindo e tudo estava escuro, em silêncio, comecei a perguntar a Deus a razão de toda aquela insatisfação que havia dentro de mim. Foi então que Ele, gentilmente, me perguntou: "Você consegue confiar em Mim?". Ao ouvir aquelas palavras, eu, ainda cheia de dores, com toda a sinceridade, respondi que iria tentar. A verdade é que não tinha nada a ver com as respostas que eu estava procurando, mas com a satisfação do meu coração, que, entendi mais tarde, seria a única capaz de me fazer confiar n'Ele de verdade. Não apenas isso, mas para confiar realmente em Deus, eu entendi que precisaria ser satisfeita **somente** n'Ele.

Enquanto processava tudo aquilo, comecei a me recordar das tantas vezes em que havia cantado: "Jesus, Tu me satisfazes" e, mesmo assim, naquela noite no avião, eu estava vazia, procurando coisas para me satisfazer, sendo que apenas Ele seria suficiente. Aquela pergunta foi tão marcante que, ao descer do avião, eu realmente era uma nova pessoa, que havia aprendido umas das maiores lições que carrego comigo. E até hoje sou levada a me lembrar da pergunta que Deus me fez. Isso me confronta constantemente a respeito do nível de satisfação que tenho em minha vida.

Quantas vezes já não ouvimos a frase: "Jesus precisa ser tudo para nós, Ele é o único que nos satisfaz". No entanto, ela parece distante da realidade. Ouvimos em tantas pregações e até chegamos a fixar em nossa mente, mas colocar em prática parece tão difícil; porém, é justamente na Mesa dos Pães Asmos que esta verdade se torna real para nós.

Frequentemente, vamos para Deus cheios de pedidos e indagações, mas quando, de fato, entramos em Sua poderosa presença, tudo desaparece e só conseguimos sentir o Seu amor, que preenche todas as nossas ansiedades. Somos levados a um lugar onde todas as dúvidas, indignações e pedidos se tornam ínfimos, pois, no fim das contas, nós só desejamos permanecer ali, escondidos n'Ele.

Se passássemos mais tempo diante desta mesa, comendo deste pão que é Jesus, muito dos nossos problemas seriam resolvidos. A insatisfação com a nossa vida financeira desapareceria, pois, as riquezas de quem Ele é nos satisfariam; a frustração com o nosso estado civil iria embora, porque encontraríamos o melhor Noivo de todos. Não significa que os problemas não estariam mais lá, mas que a nossa perspectiva mudaria completamente.

Alguns anos atrás, uma moça me procurou pedindo ajuda. Ela tinha uma bolsa de estudos na faculdade, vinha de uma boa família, tinha um emprego legal, boas condições financeiras, ótimos amigos, mas, mesmo assim, ela se sentia depressiva e descontente com a sua vida. Enquanto conversávamos, ela me disse que não tinha perspectiva de vida e que, mesmo aos 24 anos de idade, parecia que nada mais valia a pena, tanto que pensava diariamente em desistir de tudo.

Por um instante, confesso que pensei: "Que menina mimada! Tem tudo e não dá valor para nada! Ajudo pessoas com problemas horrorosos que ainda querem lutar pela vida. Como ela pode estar assim?". Graças a Deus, todos esses pensamentos ficaram só na minha mente. Enquanto ela continuava a me contar a respeito de sua infelicidade, eu perguntava ao Espírito Santo como poderia ajudar aquela moça e quais eram as raízes desses problemas emocionais. Foi quando o Senhor começou a revelar que ela estava cega emocionalmente por conta de uma grande rejeição. Em razão disso, ela enxergava tudo em sua vida através das lentes desse sentimento. Parecia loucura. Como ela poderia se sentir tão rejeitada se, aparentemente, era tão amada por todos?

Muitas vezes, estamos insatisfeitos por não conhecermos o amor incondicional do Pai, por nunca termos experimentado o que, de fato, é ser completamente d'Ele. Na Mesa dos Pães Asmos, além de sermos satisfeitos, somos curados na alma também. Começamos a ouvir Suas verdades a nosso respeito, assim, aos poucos, somos arrancados desse lugar de rejeição e colocados em nossa devida posição: assentados nos lugares celestiais com Deus (cf. Efésios 2.6).

Lembrando que não basta somente um momento à Mesa dos Pães Asmos, necessitamos de uma constante disciplina na prática da presença de Deus. Quanto mais profundas as nossas feridas, mais tempo necessitamos diante d'Aquele que cura, para sermos feitos inteiros novamente.

Quando Jesus Cristo encontrou dois de Seus discípulos na estrada para Emaús, algo incrível aconteceu. Ele havia sido crucificado, e Seus seguidores estavam arrasados com Sua morte. Porém, enquanto caminhavam e conversavam sobre tudo que Jesus havia feito, o próprio Cristo ressurreto se juntou a eles pelo caminho e entrou no diálogo. Sem reconhecerem quem Ele era, eles seguiram a viagem e continuaram a falar sobre os acontecimentos:

E chegaram à aldeia para onde iam, e ele fez como quem ia para mais longe.

> E eles o constrangeram, dizendo: Fica conosco, porque já é tarde, e já declinou o dia. E entrou para ficar com eles. E aconteceu que, estando com eles à mesa, tomando o pão, o abençoou e partiu-o, e lho deu. **Abriram-se-lhes então os olhos, e o conheceram**, e ele desapareceu-lhes. **E disseram um para o outro: Porventura não ardia em nós o nosso coração** quando, pelo caminho, nos falava, e quando nos abria as Escrituras? (Lucas 24.28-32 – grifo da autora)

Ao chegarem à cidade onde iriam comer, convidaram aquele homem (que era Jesus, mas os discípulos não sabiam) para juntar-se a eles. Quando Cristo partiu o pão, os olhos de seus amigos instantaneamente se abriram e eles O reconheceram. Durante todo o caminho, eles haviam sentido algo queimando em seus corações, mas foi somente no partir do pão que realmente O viram.

Partilhar do pão com Cristo arranca as escamas dos nossos olhos e nos leva realmente a enxergá-lO. Diversas vezes, presos nas circunstâncias, dificuldades e tristezas, não conseguimos perceber Sua presença caminhando ao nosso lado. É fácil focar apenas em nossos sentimentos e esquecermos de sentir o coração de Jesus por nós. Dessa maneira, sem perceber, podemos nos tornar egocêntricos, tão preocupados com as nossas necessidades e desejos, que acabamos nos esquecendo que o Provedor de todas as coisas está bem à nossa frente.

Certo dia, minutos antes de eu subir para liderar o louvor e adoração, uma pessoa me contou algo muito terrível que estavam falando a meu respeito. Meu instinto era largar tudo, ligar para a fulana e tirar satisfações, mas o culto estava prestes a começar. Rapidamente, pedi perdão a Deus por estar com raiva daquela pessoa, peguei o meu violão e comecei a ministrar. No início, estava me sentindo perdida, não sabia como falar todas aquelas palavras maravilhosas a Deus enquanto meu coração estava ferido. Segurava o choro na garganta, tentando terminar os refrões, ao mesmo tempo em que lutava para cantar de forma afinada. Enquanto cantava, perguntava em minha mente a razão de aquilo estar acontecendo comigo. Na hora, lembrei-me das palavras que eu sempre escutei: "Filha, olha para mim". Imediatamente, não teve como não abaixar todas as minhas defesas e olhar para Ele. Deus sabe exatamente quem eu sou. As pessoas não conseguem enxergar o meu coração, mas Ele vê tudo! Naquele momento, no meio da ministração, eu fui lembrada de uma das maiores lições da minha vida: viver diante de Deus é muito mais importante do que viver perante os homens.

Foi muito difícil largar as minhas mágoas no Altar do Sacrifício naquele dia, mas, ao entrar no Santo Lugar, eu encontrei a minha cura. Sempre haverá pão na presença de Deus; nunca há falta de coisa alguma. Podemos estar extremamente fracos, mas Ele se torna a nossa força para continuar.

Será que, hoje, você está insatisfeito? Será que o seu coração está pesado com as dificuldades? Ou será que está ferido? Seja como for, coma da mesa dos pães sem fermento e deixe que o alimento do Céu lhe traga contentamento e cura, para que, então, você experimente a glória de Deus que está reservada a você no Santo dos Santos.

FACE A FACE

Sexto Capítulo

Até certo ponto da minha história, estava determinada a ficar solteira pelo resto da vida. Meu coração já tinha se partido muitas e muitas vezes, e tudo o que dizia respeito a relacionamentos amorosos doía demais dentro de mim. A essa altura, havia sido rejeitada, traída e trocada por outras, o que acabava sempre me levando a pensar: "Talvez essa coisa de casamento não seja para mim".

Quando fiz 31 anos, ganhei um presente de aniversário muito especial de um rapaz que tocava teclado em minha banda. Confesso que achei estranho, mas guardei isso em meu coração e segui a vida. Algumas semanas depois, para a minha total surpresa, ele pediu para falar comigo e disse que gostava de mim. Sem rodeios, sem paqueras, simplesmente se declarou na minha frente. Na hora, levei um baita susto, mas respondi que meu coração estava trancado e que preferia que fôssemos somente amigos.

Por mais de um mês, fiquei recebendo constantes mensagens dele me convidando para sair, o que, sinceramente, me fazia sentir até um pouco incomodada. Então, em um sábado de manhã, decidi colocar um ponto final nesses convites. Enviei uma mensagem perguntando se podíamos nos ver naquela noite e ele logo marcou um lugar para nos encontrarmos.

Avisei à minha mãe que iria sair para colocar um fim nessa situação, peguei minha bolsa e fui, totalmente focada e determinada. No carro, lembro que praticava as minhas falas e as frases que tinha de dizer. Estava pronta para réplicas e tréplicas. Sem dúvida, eu sabia que iria chegar lá e dizer que não havia nenhum sentimento em meu coração e que ele poderia prosseguir com a vida dele.

    Quando cheguei no local combinado, logo de cara já fiquei bem sem graça, pois ele parecia incrivelmente feliz. Eu, por outro lado, já estava com todo aquele plano arquitetado na minha cabeça. Entramos no restaurante e eu me sentei bem à sua frente. Ele olhou para mim e perguntou: "O que você quer beber?".

    Algo aconteceu dentro de mim naquele instante. Não gosto de espiritualizar demais, mas eu creio que foi uma coisa sobrenatural. No momento em que ele me fez aquela simples pergunta, meus olhos imediatamente se abriram! Ali, bem à minha frente, estava tudo que eu tinha pedido para Deus. Parecia que todas as orações que eu havia feito a respeito de encontrar um bom homem estavam respondidas. Eu nem sabia como lidar com os sentimentos que surgiam em mim tão de repente. Tinha vontade de chorar e fugir ao mesmo tempo, mas apenas respondi, quase que gaguejando, que iria tomar um guaraná.

Não sou capaz de me lembrar de uma conversa sequer desse jantar. Eu só pensava: "Como assim? O que está acontecendo?". Nem consegui comer direito, mas recordo-me apenas da minha entrada de cogumelos. Sabia que aquela noite mudaria todos os meus planos. A refeição tinha acabado e eu não havia falado nada daquilo que tinha ensaiado e planejado. Voltei para casa sozinha, chorando de emoção em meu carro, conversando com Deus e perguntando a Ele o que tinha acontecido.

Ao chegar em casa, minha mãe me recebeu e logo reparou que algo estava diferente. Ela simplesmente me disse: "Filha, vamos orar a respeito disso? O Senhor nos trará paz se for para você estar com esse homem".

Dois anos e meio mais tarde, aquele mesmo homem estava ali, lindo, de terno, me esperando no altar para se casar comigo. O que quero dizer aqui é que foi aquele momento "à mesa" que abriu os meus olhos para que eu não perdesse uma das maiores bênçãos que recebi na minha vida: meu marido, Israel.

Não tenho nem como agradecer a Deus por ter me ajudado a enxergar o que estava bem debaixo do meu nariz. O Israel é meu grande presente do Céu, e aquele nosso primeiro jantar foi realmente inesquecível.

Agora, se o momento face a face com alguém especial pode ser inesquecível, quanto mais um encontro desses com o nosso Deus. E não apenas um instante, mas uma vida inteira contemplando o Seu rosto. Assim como Moisés, que era considerado aquele que falava com o Senhor com a intimidade de um amigo, e O conhecia face a face, imagine como seria passar todo o seu tempo diante da face de Deus.

Para isso, o que precisamos fazer é dar passos em direção ao lugar da presença manifesta do Senhor. Após passarmos pelo Santo Lugar, chegamos ao local em que não existe mais nada nos separando d'Ele, nada que possa nos impedir de ouvir a Sua voz de maneira clara e direta. Lá é onde finalmente podemos ser livres e, mesmo sem palavras, contemplarmos Sua beleza. Sim, eu estou falando do Santo dos Santos.

O Santo dos Santos era o lugar mais profundo do Tabernáculo de Moisés. Esse espaço vinha logo depois do Santo Lugar – separados por uma cortina bem grossa que muitos conhecem como "véu", mas que se chamava "Vida". Algo importante a respeito da transição de um local para o outro nesse tabernáculo é que cada uma das três divisórias existentes tinha um nome: o Caminho (portão do tabernáculo), a Verdade (cortina do Santo Lugar) e a Vida (o véu do Santo dos Santos). E é justamente por esse motivo que Jesus disse: "Eu sou o caminho, a verdade e a vida" (João 14.6). Uma vez que somente o sumo sacerdote poderia passar por todos esses lugares e entrar no Santo dos Santos, em uma só ocasião por ano, para receber as palavras de Deus e ter contato com a Sua presença, entendemos que foi Jesus quem abriu essa passagem para nós.

Além disso, o sumo sacerdote que entrasse no Santo dos Santos não poderia ter nenhum pecado, pois isso resultaria em sua morte. Nesse lugar, atrás da cortina, havia a Arca do Concerto, coberta de ouro, com dois querubins virados de frente um para o outro. Os anjos estavam em cima da tampa da arca. Entre eles, havia o chamado propiciatório, onde a glória de Deus repousava, iluminando todo o espaço. Não havia fogo para iluminar, mas a luz da glória era tanta que nenhuma sombra permanecia no Santo dos Santos. Dentro da arca, havia as tábuas dos 10 mandamentos, uma porção de maná que sobrenaturalmente nunca estragava e a vara de Arão que havia florescido.

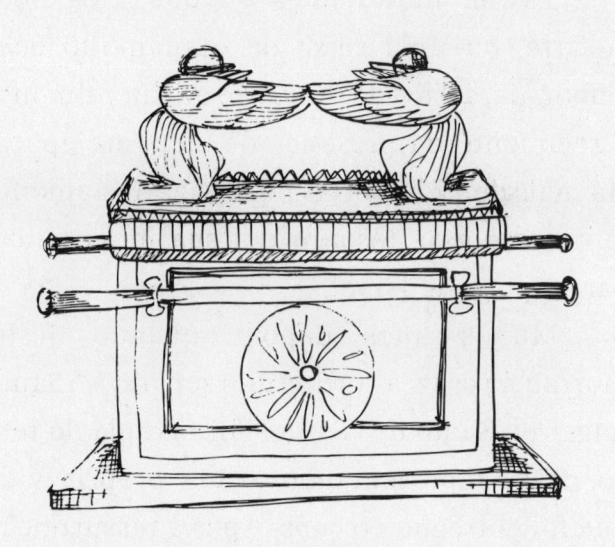

Arca da Aliança

O maná representava a provisão do Senhor e a Sua fidelidade que, por 40 anos no deserto, nunca deixou faltar alimento para o povo de Israel. A vara de Arão era o símbolo da frutificação de uma vida de retidão perante Deus, pois, quando muitos se rebelaram, esse sacerdote permaneceu com o coração reto e, por isso, foi escolhido pelo Senhor. Por fim, as tábuas dos mandamentos diziam respeito à autoridade e às leis de Deus. Mesmo hoje, estando debaixo da Graça, as leis permanecem nos trazendo sabedoria e direção.

Assim, muito mais do que uma obra de arte, ou uma caixa de ouro muito bem elaborada, a Arca do Concerto era literalmente o recipiente da presença de Deus na época. Há mais de 27 histórias no Antigo Testamento que citam esse tesouro e a sua importância para o povo de Israel.

Muitos anos depois, quando Jesus morreu na cruz, a cortina que separava o Santo Lugar do Santo dos Santos foi rasgada do teto ao chão, representando a Sua própria vida que foi entregue por nós. Após a ressurreição e a descida do Espírito Santo, através de Seu sangue, conseguimos ter acesso à presença de Deus todos os dias, sem mais precisar de um sacerdote ou de um tabernáculo físico. Jesus cumpriu Sua missão por completo, criando o caminho até o Pai, tomando o lugar do animal sacrificado no altar e dando-nos de volta a oportunidade de sermos íntimos de Deus, assim como no jardim do Éden.

Isso significa que, de maneira simbólica, trilhar todo o trajeto, do Átrio até o Santo dos Santos, é como realizar todo o trabalho da cozinha: o preparo dos alimentos, o descascar das cebolas, a carne no fogo, lavar os utensílios e preparar a mesa. Depois disso tudo, chega finalmente o momento mais esperado de nos assentarmos com o nosso melhor amigo: Jesus Cristo.

Todos os talheres estão no lugar, assim como os copos, as louças e, é claro, um lindo arranjo de flores. A comida cheira maravilhosamente bem e, então, nos sentamos juntos, um de frente para o outro. Mal consigo respirar, palavras não vêm à minha boca, apenas pego Seu prato e sirvo delicadamente tudo que preparei com tanto carinho, enquanto espero Ele dizer algo.

Do outro lado da mesa, posso ver perfeitamente Seu rosto, um sorriso gigante, olhos que brilham. Tudo n'Ele exala amor. Como definir esse momento? É como se o tempo parasse naquela hora, e eu ficasse tentando achar palavras que pudessem descrever meus sentimentos: uma gratidão que parece que vai entrar em erupção dentro de mim; um temor, mas, ao mesmo tempo, muito amor.

Não consigo parar de pensar como poderia o Rei do Universo tomar tempo para olhar em meus olhos e ler meu coração? Como é possível eu, sendo pó, ser valorizada e vista por Aquele que criou toda a Terra e o mar? Como poderia, naquele instante, tudo desaparecer e só restar o Amor?

Adoração é exatamente isso. O momento em que finalmente O vejo, quando não preciso de melodias, nem de canções, nem de rituais – só necessito de uma coisa: estar com Ele. É o instante que trocamos olhares e todo o meu medo evapora. Ali, eu consigo me ver através de Suas lentes de amor. É o lugar seguro, protegido e feliz, onde Ele se torna suficiente, e nada é impossível.

Diante dessas coisas, não há como me assentar com Ele e continuar sendo a mesma. É impossível chegarmos à Sua presença e preferirmos qualquer outro lugar. É claro que, na maioria das vezes, eu só choro e fico emocionada, mas tem dias em que tenho conversas inesquecíveis, que transformam e moldam meu coração para sempre. Diálogos que esmagam as mentiras que eu mesma criei; que me ensinam a ser mansa e humilde; que me instigam a orar mais do que falar; e me levam até a amar o meu inimigo.

Esse é um lugar tão sublime e especial. No entanto, mesmo com o grande privilégio de termos acesso a tudo isso, muitos cristãos escolhem viver às suas margens. Preferem permanecer nos átrios e se recusam a pagar um preço maior para estar diante do Rei. O que não entendem, porém, é que toda dor do altar é esquecida ali, todo suor do fogo nem passa pela memória.

Estar face a face com Ele é o alimento da minha vida. É o que me leva a acordar todos os dias e ainda acreditar que Deus jamais desistiu de mim e nunca o fará.

Nesse momento, faltam palavras, e é aqui que o Senhor começa a ouvir a canção do meu coração, seja através de um cântico espiritual, línguas angelicais, ou de um hino novo e espontâneo, ou até do meu silêncio diante d'Ele.

Imagino que, para Deus, o momento em que entramos em Sua presença revela um sentimento semelhante ao do pai do filho pródigo, que recebeu seu filho de volta com um banquete. O rapaz havia tomado toda sua herança, saído de casa, gastado tudo e retornado arrependido, apenas almejando um lugar como servo em troca de teto e comida.

> Mas o pai disse aos seus servos: Trazei depressa a melhor roupa, e vesti-lho, e ponde-lhe um anel na mão e sandálias nos pés, e trazei o bezerro cevado, e matai-o; e comamos e alegremo-nos, porque este meu filho estava morto e reviveu; tinha-se perdido e foi achado. E começaram a alegrar-se. (Lucas 15.22-24)

Logo que o filho retornou, seu pai lhe ofereceu um banquete. Em nossa lógica, poderíamos imaginar que, antes disso, teria de haver o momento para tirar satisfação, acerto de contas, ou pelo menos uma enorme bronca por parte do pai. Mas o que vemos é um senhor radiante e cheio de felicidade por saber que seu filho estava vivo e tinha voltado para casa.

Se eu estivesse no lugar daquele filho, com certeza, ficaria muito constrangida diante de tanto amor e bondade. Haveria, sim, um arrependimento, mas nunca me sentiria apta a ter todos os meus direitos de filha restituídos instantaneamente.

Porém, Deus realmente pensa muito diferente de nós. Desde o Éden, Seu maior desejo é de nos ter perto novamente. Seu incompreensível amor não é apenas para os perfeitos, perseverantes e justos, mas para todos nós, inclusive os quebrados e machucados.

Todas as vezes em que tive um encontro com a presença manifesta de Deus, fui impactada por um amor inexplicável, do qual, sem sombra de dúvidas, eu nunca fui merecedora. Nenhum acerto, prestígio ou conquista poderiam me fazer mais digna de um segundo com Ele. Isso só prova que é só o sangue de Jesus que pode nos dar acesso à Sua presença e nossos esforços e autojustiça são apenas palha.

    O que o filho pródigo experimentou foi algo muito além de sua expectativa. Da mesma forma, nos encontros e reencontros com o nosso Pai, contemplamos algo que não pertence a este mundo. É uma beleza que não pode ser encontrada em lugar nenhum. Uma atmosfera onde todas as nossas ansiedades desaparecem e ali ficamos embasbacados com Ele. Tudo aquilo que valorizamos nesta Terra parece perder suas cores, o tempo já não importa e a opinião alheia nem existe mais.

    Entretanto, do outro lado da história do filho pródigo, o herdeiro mais velho, que sempre esteve ao lado do pai, ficou amargurado e revoltado com a recepção de seu irmão. Na verdade, ele não compreendia o valor do rapaz. Apesar de toda aquela riqueza e, inclusive, o amor de seu pai sempre terem estado à sua disposição, ele se sentiu injustiçado pelo tratamento que o outro filho recebeu. Essa reação o impediu de adentrar à festa e tomar o seu lugar à mesa com seu pai.

    Do mesmo modo, corremos o risco de ser como o filho mais velho quando nos tornamos tão mal-acostumados com a presença de Deus a ponto de a desvalorizarmos. Já se foram tantos momentos à Sua mesa que pensamos que é mais do que obrigação que Ele se manifeste em nossa vida. As nossas canções acabam perdendo o sentido, louvamos de forma automática e, sem perceber, estamos há dias, ou até meses, longe dessa mesa.

    Pensamos que, por manter as mãos levantadas, cantando as músicas de adoração do momento, estamos participando do banquete do Pai; entretanto, na verdade, podemos estar nos aproximando do sentimento do filho mais velho, que vivia todos os dias na casa de seu pai, trabalhando e convivendo, mas sem o entendimento de quem ele era e de como o pai o enxergava. Se aquele filho soubesse, não ficaria enciumado, não se compararia e ficaria feliz em ver toda a família alegre.

O maior risco de nos comportarmos assim é deixarmos de ver a beleza na presença do nosso Pai, por não entendermos quem somos para Ele. Cada momento que temos com Deus é único. Sim, essas experiências não devem ser idolatradas, mas não podem jamais ser desvalorizadas também.

Todos os dias, o Pai tem novidades em nossos encontros, sempre buscando nos levar mais fundo n'Ele. Prova disso é que os anjos voam ao redor do trono incansavelmente, por toda a eternidade, declarando que Ele é Santo. Eles agem dessa forma, porque, a cada momento, são surpreendidos por quem é Deus e pelo que Ele faz. Não há tédio, nem frieza, nem falta de paixão ao Seu redor. Não existe nada automático no Céu. Sempre que O olhamos, descobrimos uma nova faceta do Seu rosto e vemos algo extraordinário que nos leva a declarar: "Santo, santo é o Senhor".

Além disso, é incrível perceber que o anseio de Deus por cear conosco é muito maior do que o nosso. Da mesma forma que Ele fez com Zaqueu (cf. Lucas 19.1-10), Jesus se propõe a comer com todos nós, no final de tudo.

> Eis que estou à porta, e bato; se alguém ouvir a minha voz, e abrir a porta, entrarei em sua casa, e com ele cearei, e ele comigo. (Apocalipse 3.20)

Diferentemente de qualquer religião, é Jesus Cristo quem bate à nossa porta. Enquanto os falsos deuses requerem para si sacrifícios e veneração através do medo, Deus anseia firmar um relacionamento conosco. Ele sempre será digno de toda adoração e honra, mas diariamente é o Seu coração que se inclina para o nosso. Que espetacular é esse amor, que bate à porta do nosso coração para cear conosco.

Isso significa que cear com Ele é uma escolha; a decisão de escutar a Sua voz e aceitar o Seu convite é nossa. Ter uma vida de adoração nunca será fruto do medo ou de uma obrigação, mas, sim, de uma resposta ao Seu amor por nós. O problema é quando tratamos nossa vida de adoração apenas como uma disciplina espiritual. Há momentos em que vamos adorar a Deus no meio das dificuldades, e talvez isso possa ser um sacrifício, mas sabemos que, por trás dos sentimentos, há algo muito maior. A paixão dentro de nós poderá gerar uma disciplina genuína e verdadeira.

Até aqui, falamos da mesa somente como um lugar de comunhão e intimidade com Deus, mas em Salmos 23, o rei Davi a descreve como algo bem diferente:

> Preparas uma mesa perante mim na presença dos meus inimigos, unges a minha cabeça com óleo, o meu cálice transborda. (Salmo 23.5)

Geralmente, gostamos de comer em paz, desfrutar de um banquete com nossos amigos, e nunca com os nossos inimigos. Muito menos se eles estão ali olhando para nós. Por isso, sempre perguntei a Deus o que seria essa mesa montada diante daqueles que lutam contra nós. Com o tempo, fui entendendo que o Senhor prepara para nós um lugar de prazer e intimidade em meio às nossas batalhas e guerras. Não é porque estamos passando por lutas que não podemos ter tempo em Sua presença. Em todos os vales de nossas vidas, temos a certeza de que Ele está conosco.

Entendo também que, ao nos sentarmos à mesa em meio à guerra, somos completamente dependentes de Deus. Nesse lugar, é Ele quem luta por nós. Então aprendemos a deixar de lado a vingança e começamos verdadeiramente a depender d'Ele. É o Senhor quem levanta a nossa cabeça e nos defende, pois Ele nos conhece por inteiro.

Quando entramos em Sua presença em meio aos conflitos, Deus nos unge, renovando as nossas forças e a alegria da salvação. Nossos cálices, enfim, podem transbordar dessa alegria e esperança, tudo isso em meio às nossas guerras. Nunca estamos sozinhos nas batalhas, e mesmo bem no coração da tempestade, podemos receber algo fresco do Pai.

Assim, hoje, por causa do sacrifício de Cristo, temos acesso direto e podemos viver todos os dias no Santo dos Santos. É por isso que, em Amós 4.11, está escrito que o Senhor restaurará o Tabernáculo caído de Davi (que tinha somente o Santo do Santos), e não menciona o Tabernáculo de Moisés (que era constituído por todo o trajeto necessário até chegar ao local da Presença).

Por que, então, gastei mais da metade deste livro falando sobre o Tabernáculo de Moisés? O Tabernáculo de Davi, que representa a Nova Aliança, mostra como devemos viver sempre, mas o problema é que não é todo dia que conseguimos andar no espírito. Nossa mente carnal tem que ser constantemente colocada no altar. Quando isso acontece, recorremos ao caminho do Tabernáculo de Moisés para voltarmos logo ao nosso habitat natural, o lugar ideal onde fomos criados para estar: o Santo dos Santos.

Muitos já estiveram no Santo dos Santos, mas, em algum momento, a carnalidade, as dificuldades ou as mágoas os tiraram desse lugar, fazendo com que perdessem o caminho de volta. Por isso, é tão importante ter a Bíblia como manual de vida, porque ela sempre nos ensina a retornar ao local da Sua presença.

Quando conhecemos esse caminho, conseguimos voltar sem precisar participar de uma conferência, uma reunião de oração ou ouvir uma música de adoração. Podemos, através de ensinamentos bíblicos, tomar passos práticos que nos levarão novamente ao Santo dos Santos e nos ajudarão a habitar lá em todos os momentos. Fomos criados para isso, para termos conexão ininterrupta com Deus, onde Ele fala, e nós escutamos. E assim conseguimos ser Seus amigos e filhos.

Desse modo, nos próximos capítulos, exploraremos mais passos práticos para adorarmos a Deus em qualquer momento da vida e em qualquer lugar.

Lembre-se: você é um sacerdote e pode explorar o coração de Deus e a Sua presença.

MANEIRAS À MESA

Sétimo Capítulo

Era ainda adolescente, quando, finalmente, pela primeira vez, eu fui a um evento de gala. Não um jantar comum, mas um daqueles em que se colocam talheres de todos os tipos ao lado do prato. Fiquei toda perdida com a quantidade de cálices, garfos e facas naquela mesa. Não sabia nem por onde começar, até me lembrar dos ensinamentos da minha mãe: "Comece com os utensílios da extremidade e vá até o centro". Só que o pior não era estar me sentindo perdida, mas o fato de os outros parecerem nem se importar com isso.

Assim que a entrada chegou, meus amigos já atacaram a comida com os talheres do prato principal. Alguns pegavam o garfo de sobremesa para comer a salada. A única coisa que não erravam eram os cálices, pois quem servia a bebida era o garçom. Na hora mais esperada, o momento em que chegou aquele lindo e suculento doce à nossa mesa, ninguém, além de mim, tinha os talheres para comê-lo. Todos nós caímos na risada, mas, no fundo, eu estava agradecida pelos conselhos da minha mãe.

Muitas vezes, quando chegamos à mesa do Pai, nós nos sentimos da mesma forma e não temos ideia de como nos portar. Se você nunca passou por isso, talvez nunca tenha se assentado frente a frente com alguém tão grande quanto Ele. Parece que as palavras nos faltam, pensamos em chorar, às vezes, rimos ou ficamos em silêncio. Em alguns momentos, chegamos até a gritar, e todos os sentimentos que estão dentro de nós parecem borbulhar fortemente.

Para ilustrar o que ocorre em situações como essa, vou contar algo interessante que aconteceu comigo. Um dia, durante uma conferência em que estava ministrando, chamei as pessoas à frente para receberem um toque do amor do Pai. Naquele momento, orando pelas pessoas, comecei a ouvir alguém gritando muito alto e sem parar: "Eu te amo, Deus! Eu te amo, Deus! Eu te amo, Deus!". Tentava fechar meus olhos e continuar as orações, mas aquele grito era tão, tão alto, que não conseguia nem me concentrar. Quando dei uma olhada, todos estavam meio assustados com a potência de voz daquele rapaz. Não era nada forçado (às vezes, acontece), mas ele não sabia como expressar o amor que estava sentindo pelo Pai naquele momento.

 Tentei deixá-lo à vontade e continuei orando pelas outras pessoas, mas o Espírito Santo me incomodou para que eu fosse falar com ele. O rapaz tinha uns dois metros de altura, por isso eu, por ser baixinha, teria de gritar ainda mais alto que ele para que me ouvisse. Enfim, perguntei o que deveria falar, e Deus me respondeu: "Diga para ele se acalmar, pois Eu quero dizer o quanto o amo também!". Fui, meio relutante, e tentei chamá-lo, mas ele era tão alto e gritava tão forte que fui completamente ignorada por alguns segundos. Precisei, então, dar uns tapinhas em seu braço para que ele olhasse para mim, mas nada aconteceu, ele continuou bradando a plenos pulmões. Por fim, dei um tapa mais forte no seu peito e fiz um sinal para que ele se abaixasse um pouco.

    Ele arregalou os olhos, bem assustado, inclinou-se todo para me ouvir, e eu lhe disse: "Já tentou beber água e falar ao mesmo tempo? É muito difícil, né? Assim também é receber o amor do Pai. Deus já sabe o quanto você O ama. Agora, Ele quer apenas que você receba o grande amor que Ele tem por você". Naquela hora, aquele rapaz gigante fechou os olhos, ergueu seus braços e começou a chorar, enquanto Deus parecia vir sobre ele como uma cachoeira que o lavava e restaurava. Fiquei só admirando aquele momento tão único e pessoal dele com Deus, e minhas lágrimas começaram a cair junto, ao sentir aquelas águas de amor respingando sobre mim.

    Semelhantemente àquele rapaz, é muito comum entrarmos em um frenesi para falar com Deus. Temos tantas declarações, tantas palavras, tantos pedidos, tantos clamores, que até esquecemos que estamos em um diálogo. Batalhamos ao atravessar os Átrios, passamos pelo Santo Lugar exaltando ao Senhor e, quando finalmente chegamos ao Santo dos Santos, queremos fazer tudo de uma vez só. É como aquele esfomeado que, às vezes, encontramos no Natal em família. Mal acaba a oração pela comida, ele corta a fila, deixa os mais velhos e crianças para trás e começa a se servir. Há sempre mais do que o suficiente para todos, mas ele resolve fazer de seu prato uma montanha e come já de olho na sobremesa. É muito engraçado ver tudo isso de fora, mas mal percebemos que podemos fazer a mesma coisa em relação à presença de Deus.

    Acredito que essa afobação seja resultado de algo muito característico de nós, que vivemos no Brasil. Amo a paixão do brasileiro quando exalta a Deus. Certamente o Brasil é um dos países mais expressivos em adoração, e como eu valorizo isso! Por outro lado, nós nos empolgamos tanto que acabamos agindo de maneira imatura e perdendo algo importante que está acontecendo no momento. Não entendemos que existe uma infinidade de coisas para explorar na presença do Senhor, e que há tempo certo para tudo.

Por esse motivo, às vezes, penso que o discípulo Pedro era brasileiro, apaixonado e intenso. Uma passagem que exemplifica bem essas características é a de Lucas 9:

> E aconteceu que, quase oito dias depois dessas palavras, tomou consigo a Pedro, a João e a Tiago e subiu ao monte a orar. E, estando ele orando, transfigurou-se a aparência do seu rosto, e a sua roupa ficou branca e mui resplandecente. E eis que estavam falando com ele dois homens, que eram Moisés e Elias, os quais apareceram com glória e falavam da sua morte, a qual havia de cumprir-se em Jerusalém. E Pedro e os que estavam com ele estavam carregados de sono; e, quando despertaram, viram a sua glória e

aqueles dois varões que estavam com ele. E aconteceu que, quando aqueles se apartaram dele, disse Pedro a Jesus: Mestre, bom é que nós estejamos aqui e façamos três tendas, uma para ti, uma para Moisés e uma para Elias, não sabendo o que dizia. (vs. 28-33)

Pedro, João e Tiago estavam no monte com Jesus quando, subitamente, foram acordados com uma glória sobrenatural. Eles mal podiam acreditar no que seus olhos viam, ficaram atemorizados com tanta luz. Acredito que até pensaram que ainda estavam sonhando. Com certeza, não faziam ideia de como agir. O único que reagiu àquilo tudo foi Pedro, que, em sua ingenuidade e impulsividade, disse para Jesus: "Vamos fazer uma tenda para Você, Moisés e Elias". Na verdade, o que o discípulo queria era que a presença de Deus permanecesse naquele lugar, mas não entendia que aquele momento era algo profético acerca do que aconteceria com Jesus.

Assim como Pedro, quando nos deparamos com o desconhecido, nos sentimos desconfortáveis. Por isso, tentamos, de alguma forma, trazer o "novo" para dentro da nossa realidade atual, colocando-o em rótulos e formas que já conhecemos. Muitos me perguntam se podem dançar na presença de Deus, cantar em línguas durante o louvor, ou se estender no chão no tempo de adoração, pois querem trazer sentido para o que estão vendo. Nem tudo, porém, é preto no branco.

Pedro, de certo modo, queria que aquele momento durasse para sempre. Então, sugeriu que fossem construídos três tabernáculos, que era a estrutura que ele conhecia para abrigar a presença de Deus. Entretanto, o plano divino não era esse, mas sim que a cruz e o sangue de Jesus Cristo fizessem de nós os próprios tabernáculos vivos para Ele.

Dessa forma, quando estamos diante da presença de Deus, assentados à Sua mesa, precisamos prestar muita atenção ao que Ele está fazendo e sentindo naquele momento. Não podemos apenas agir de acordo com a nossa emoção, no piloto automático, ou baseados só no que os nossos olhos naturais estão enxergando. Diante d'Ele, temos de ser suscetíveis ao mover do Espírito Santo. Não é o lugar de loucura liberada, mas sim de maior sensibilidade a Deus.

    Uma boa comparação com a forma que demonstramos e retribuímos ao amor de Deus nesses momentos de intimidade é como essa dinâmica funciona entre um casal. Por exemplo, amo sair para comer, experimentar novos restaurantes, principalmente quando estou com meu marido. Toda semana, separamos um dia só para nós, escolhemos um lugar novo para conhecer, e passamos nosso tempo de qualidade. Geralmente, sentamo-nos frente a frente, conversamos olhando nos olhos, e ele sempre me diz algo maravilhoso como: "Linda, eu te amo tanto". Eu respondo, toda emocionada: "Eu te amo bem mais, lindo". Essa troca de palavras e olhares fica só entre nós, ninguém do restaurante está escutando, pois é algo íntimo nosso.

    Agora, imagine meu marido, todo romântico, falando que me ama e, do nada, eu solto um baita grito respondendo: "Eu te amo também!", assustando os garçons, os clientes e até o próprio Israel. Seria muito estranho, para não dizer cômico. A mesma coisa acontece quando estamos no momento de adoração com o Senhor. Está tudo muito íntimo, com a música calma e suave, aquele ambiente profundo e, de repente, um irmãozinho grita: "Eita, Deus! Oh glória!". É inusitado e até engraçado.

Por essa razão, deve existir coerência quando estamos à mesa do nosso Amado. É claro que há momentos de altas gargalhadas e também a hora de gritarmos, mas tudo tem seu tempo certo. Tendo isso em vista, como então conseguimos desenvolver essa sensibilidade e saber o momento correto para cada coisa que vivemos em Sua presença?

Lembra quando o povo de Israel esteve no deserto por 40 anos? Eles não tinham um mapa nem uma bússola, mas eram simplesmente guiados por um pilar de fogo durante a noite e uma coluna de nuvem durante o dia. Se a nuvem parava, eles reerguiam o tabernáculo ali; se ela começava a se mover, desmontavam tudo e seguiam por onde quer que a coluna estivesse:

> Então a nuvem cobriu a tenda da congregação, e a glória do Senhor encheu o tabernáculo; de maneira que Moisés não podia entrar na tenda da congregação, porquanto a nuvem permanecia sobre ela, e a glória do Senhor enchia o tabernáculo. Quando, pois, a nuvem se levantava de sobre o tabernáculo, então os filhos de Israel caminhavam em todas as suas jornadas. Se a nuvem, porém, não se levantava, não caminhavam, até ao dia em que ela se levantasse; porquanto a nuvem do Senhor estava de dia sobre o tabernáculo, e o fogo estava de noite sobre ele, perante os olhos de toda a casa de Israel, em todas as suas jornadas.
> (Êxodo 4.34-38)

A nuvem representava a presença de Deus que se movia conforme o Seu coração, e é assim até hoje. Não existe mais uma coluna física, mas há o mover do Espírito Santo que se desloca de acordo com o coração do Pai. Um adorador maduro conhece e convive com essa dinâmica, sabendo em que direção deve ir e como deve se portar.

Comecei a entender o mover do Espírito Santo convivendo com pessoas que já O conheciam. Todas as noites, antes de dormir, minha mãe me chamava, e também meu irmão, Teófilo, para orarmos juntos. Ficávamos um de cada lado da mamãe, enquanto ela começava. De repente, no meio da oração, ela falava: "Flua no espírito, Zoe! Vamos Teófilo, flua". Às vezes, olhava de canto de olho para meu irmão, um pouco perdida, e via que ele estava se sentindo assim também. Até que minha mãe nos dava as diretrizes: "Vamos fluir em oração em línguas", momentos depois: "Agora estamos em guerra, batalhem!" ou "Shhhhhh, agora fiquem em silêncio e apenas sintam a Sua presença", e assim por diante. Com o tempo, fomos ficando menos perdidos durante as orações e começamos a perceber o que estava acontecendo no ambiente.

Cresci orando com pessoas que amavam o mover do Espírito Santo, e isso moldou e formou muito de quem eu sou hoje. Aos 13 anos de idade, comecei a tocar flauta nos cultos, mas como eu era muito tímida, fazia isso da primeira fileira, ao lado da minha mãe, em vez de subir no palco. Durante o louvor, ela sussurrava para mim: "Zoe, a unção está chegando, é bom começar a tocar". Então, eu pegava a flauta e iniciava, até ela me dizer: "Pode ir parando, a unção está acabando, é sempre bom parar antes de ela terminar". A minha mãe compreendia o mover do Espírito e, por isso, conseguia me ensinar. Com o passar do tempo, eu comecei a perceber quando o Espírito Santo me movia a tocar e quando Ele dizia para encerrar. Até hoje, eu aprendo com ela e com outras pessoas íntimas de Deus. Muitas vezes, ainda erro, achando que o Senhor foi para um lugar, quando, na verdade, Ele não foi, mas tudo isso faz parte do nosso amadurecimento.

Nesse contexto, aprendi que a unção é uma porção do poder do Espírito Santo, que é liberada dentro do Seu mover. Ou seja, onde a nuvem está, sempre há unção. Por isso, é tão necessário que entendamos como seguir essa nuvem, pois há uma unção específica para cada momento e cada coisa. Precisamos saber se ela está repousando ou se movendo, e para onde está indo. Se continuamos fazendo algo quando a unção não está mais lá, acabamos entrando na força do nosso braço, e ali não reside mais o poder sobrenatural de Deus. Quando insistimos em permanecer onde o Espírito já não está se movendo, precisamos urgentemente recalcular a rota e entrar novamente debaixo da nuvem da Sua presença.

    Algo interessante sobre a dinâmica desse mover é que, enquanto algumas pessoas são mais sensíveis por natureza, ou adquirem sensibilidade por terem crescido em ambientes onde se valorizava o mover do Espírito Santo, outras são racionais demais e pouco suscetíveis a percebê-lO, talvez por sua personalidade ou pelo pouco contato que tiveram com a ação do Espírito. Entretanto, independentemente de como nós somos, sempre podemos desenvolver a sensibilidade à Sua presença em nosso momento de oração diário, passando tempo com pessoas que são mais maduras nesse aspecto e prestando atenção durante os momentos na presença de Deus, sempre perguntando: "O que o Senhor está fazendo agora? Para onde está indo?". Creio que essas são perguntas que farei até morrer.

A respeito disso, a Bíblia conta que, mesmo no primeiro milagre de Jesus, sua mãe, Maria, já O conhecia e entendia o que Ele podia realizar. Isso, porque ela presenciava diariamente o mover de Deus através de seu filho. Enquanto todos em uma festa de casamento em Caná estavam desesperados, pois o vinho havia se acabado, ela chamou Jesus e disse para todos os servos presentes: "Façam tudo que Ele vos disser". Naquele momento, bem diante das pessoas, Cristo transformou litros e litros de água em vinho. Fico imaginando o medo dos trabalhadores enquanto eles levavam aquela bebida milagrosa para seus senhores provarem. Para a surpresa de todos, foi o melhor vinho da festa. Maria sabia o que Jesus podia fazer e, naquele momento, ela discerniu o tempo certo e agiu em fé (cf. João 2.1-11).

Assim como foi com Maria, os momentos na presença de Deus geram em nós conhecimento sobre Ele, liberando, dessa forma, os milagres em nossa vida. Precisamos, porém, estar sensíveis para saber o momento de agir. Maria poderia ter ficado sentada em sua mesa, ou ter ido embora para casa pensando: "Que pena que o vinho acabou tão rápido nessa festa", mas não. Ela sabia que algo poderia acontecer naquela noite, pois Quem estava com ela era poderoso o suficiente para virar o jogo.

Desse modo, ao perguntarmos para Deus o que Ele quer realizar, ou o que nós devemos fazer, abrimos uma porta para o Seu mover. Ao sermos sensíveis e obedientes a Ele, os milagres são liberados. Em Sua presença, a água dentro de nós pode ser transformada em vinho e a nossa humanidade pode se tornar mais semelhante a Cristo.

Entretanto, muitas vezes, estamos tão compenetrados em nossos próprios sentimentos, no que é visível e no que estamos com vontade de fazer, que mal conseguimos perceber o que Deus pode e quer realizar naquele momento. Mas desenvolver mais sensibilidade ao mover divino irá ajudar não somente em nossa vida de adoração, mas nos aspectos em geral: ao tomar decisões, liderar pessoas e, principalmente, ao andar bem perto de Jesus.

Além do mais, a sensibilidade a Deus é a base para entendermos o que Ele está fazendo e participarmos disso. Então, quando estamos dentro de Seu mover, a criatividade também é liberada e ali podem surgir canções novas ao Senhor. Alguns chamam isso de canções espontâneas, porém eu gosto de chamar da forma como a Bíblia apresenta: um cântico novo.

> Cantem ao Senhor um **novo cântico**; cantem ao Senhor, todos os habitantes da terra! Cantem ao Senhor, bendigam o seu nome; cada dia proclamem a sua salvação! (Salmos 96.1-2 – NVI – grifo da autora)

Seguindo o mover do Espírito Santo, alguém pode trazer um cântico novo, ou seja, um louvor espontâneo, criado na hora juntamente com Ele, para aquele exato momento. No entanto, todo novo cântico deve ser baseado na Palavra do Senhor e, quanto mais sintonizado com a nuvem, mais efeito terá.

Quando cantamos um cântico novo ao Senhor, além de estarmos obedecendo à Sua palavra, estamos entoando nosso amor a Ele diretamente com a ajuda do Espírito Santo. São nesses momentos que surgem as canções proféticas: quando traduzimos o que está no coração do Pai com palavras cantadas. A profecia não é nada mais do que falar o que está na mente e no coração de Deus, de acordo com o Espírito Santo. Sendo assim, uma canção que faz essas coisas é profética.

Pouco tempo atrás, durante uma ministração, senti fortemente que havia pessoas carregando um espírito de morte. Na hora, comecei a cantar: "A Tua vida vem neste lugar, todo medo se vai, e o Teu amor vem transbordar aqui". Eu poderia ter dito: "Espírito de morte, vá embora daqui", mas resolvi declarar minha canção de um lugar de vitória, já profetizando o que Deus estava prestes a fazer. Muitos vieram falar comigo naquela noite, dizendo que tinham sido libertos de um espírito de morte e que sentiram grande alívio no momento em que eu trouxe aquele cântico.

O que essa história mostra é que o cântico novo é poderosíssimo quando entoado na hora e da maneira certa. Muitas vezes, porém, quando recebemos essa revelação divina, ficamos um pouco perdidos, sem saber o que fazer com as informações. Sentimos muitas coisas que podem ajudar a tirar pessoas de prisões e até mesmo nós, enquanto cantamos, podemos ser libertos por meio de algo que foi revelado. O importante é saber obedecer, aprendendo a ser sensíveis à voz de Deus e a não fazer nada a mais nem a menos do que Ele pediu.

    O cântico novo não é apenas para preencher um vazio ou silêncio no final das músicas, ou para inventar alguma coisa bonita, ou até para imitarmos as frases de outras pessoas, mas sim para unirmos o nosso coração com o de Deus. Pode ser uma simples frase, um parágrafo, ou até uma palavra, mas, se for carregado da presença de Deus, pode trazer cura, libertação e salvação. Receber e fluir em cânticos novos não são exclusividades da pessoa com o microfone, mas de todos nós. Assim, em seu tempo a sós com Deus, procure cantar o coração d'Ele, e certamente algo transformador acontecerá em você e ao seu redor. Está escrito na carta aos efésios:

> Não se embriaguem com vinho, que leva à libertinagem, mas deixem-se encher pelo Espírito, falando entre vocês com salmos, hinos e **cânticos espirituais**, cantando e louvando de coração ao Senhor, dando graças constantemente a Deus Pai por todas as coisas, em nome de nosso Senhor Jesus Cristo. (Efésios 5.18-20 – NVI – grifo da autora)

No entanto, não podemos confundir um cântico novo (ou espontâneo) com o cântico espiritual, que também é gerado pelo Espírito Santo nos momentos em que estamos transbordando. Este, por outro lado, geralmente é expressado com línguas angelicais, em melodias inspiradas por Deus. Por ser uma canção do Espírito, não compreendemos exatamente o que estamos falando, mas certamente sentimos seus efeitos.

Sempre foi comum para mim ouvir cânticos espirituais, tanto por ter passado minha vida toda em uma igreja muito avivada, quanto por ter uma mãe cheia do Espírito Santo, que sempre adorava a Deus dessa forma. Quando chegava aquela parte, entre as músicas, onde todos cantávamos em conjunto cânticos espirituais, eu não entendia nada, mas sentia um grande conforto e achava tudo aquilo muito lindo. Só com oito anos de idade, quando fui batizada no Espírito Santo, comecei a compreender e experimentar os benefícios desse dom.

Quando você recebe isso, parece que tudo fica mais claro. Você passa a acessar lugares espirituais mais profundos e destravar o Céu aqui na Terra. Então, realmente consegue compreender mais o coração de Deus e se tornar um intercessor, orando precisamente aquilo que Ele quer que você ore, sempre conectado com o Espírito Santo. Quando cantamos ou falamos em línguas, fortalecemos e edificamos a nós mesmos, o nosso homem interior (cf. 1 Coríntios 14.4). Podemos não entender o que estamos dizendo, mas oramos exatamente aquilo que Deus coloca em nossas bocas.

Quando a presença de Deus se intensifica, não conseguimos mais expressar e comunicar, seja em português, inglês ou em qualquer outra língua deste mundo o que estamos experimentando. Nesse instante, nossa boca se enche com um cântico espiritual, que vem borbulhando de dentro de nós e nos trazendo ainda mais do Seu mover.

Nos períodos mais difíceis da minha vida, a única coisa que me trazia conforto eram esses momentos de cânticos espirituais. Eu não era capaz nem de cantar as músicas que conhecia, estava desanimada e, muitas vezes, machucada; mas quando cantava em línguas, conseguia derramar tudo diante de Deus. Em seguida, uma paz sobrenatural me enchia e, junto com ela, uma chuva de amor e esperança que eu tanto precisava.

Isso é o que acontece quando estamos no Santo dos Santos. Nós nos deparamos com uma presença de Deus tão forte que ficamos até sem palavras. Lá, o que brota do nosso coração só pode ser algo novo. Assim como os anjos continuamente cantam "Santo, santo", nesse momento, de alguma forma, conseguimos participar dos Céus. Eles louvam ao Senhor desse jeito não porque não sabem o que dizer, mas por verem, a cada momento, uma faceta nova da santidade de Deus.

    Que privilégio unirmos a nossa canção com a canção do Céu! Que honra poder adorar juntamente com os anjos e nos assombrarmos com a Sua glória. Que não apenas visitemos esse lugar da presença de Deus, mas sim que escolhamos habitar nesse lugar tão sublime. Nascemos para carregar esse novo som dentro de nós e, como resposta ao Seu amor, devolver a Ele toda a glória.

SOBREMESA

Parte III

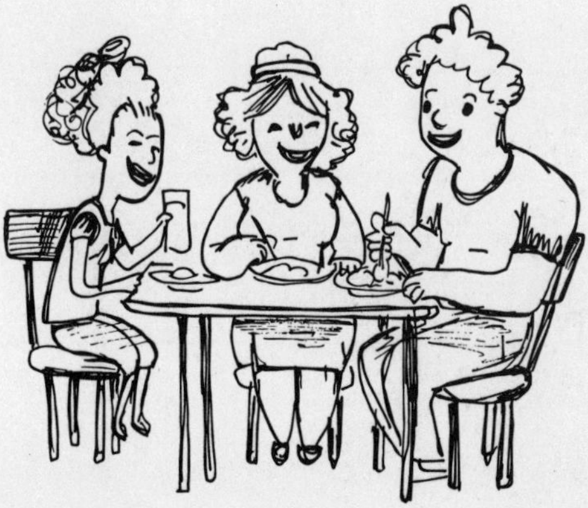

ANFITRIÃO DA FESTA

Oitavo Capítulo

Amo convidar pessoas para jantar na minha casa, mas, na correria da vida, acabo não fazendo isso tanto quanto gostaria. Por incrível que pareça, tenho até uma pasta com arquivos com todas as ideias de comidas que quero fazer para meus amigos. Desde *finger foods*, até pratos principais elaborados ou pequenos chás com bolos. Tudo isso está guardado e documentado, só esperando minhas próximas visitas. Quando marco uma data específica, rapidamente já vou fazendo as compras e me preparando.

Penso com muito carinho no cardápio, nos pratos e, é claro, na sobremesa. Raramente faço aqueles jantares chiques, com louça superfina e talheres de prata. Geralmente são momentos mais casuais, cheios de conversa boa e tempo de qualidade. Gosto de ficar batendo papo por horas e horas, mas amo ainda mais quando eu e meus convidados temo s um momento de qualidade com Jesus, que é sempre o nosso melhor hóspede.

Da mesma forma, convidar pessoas para se assentar à mesa do Pai não é papel somente do líder de adoração, mas a resposta de qualquer filho amado que deseja compartilhar o que Deus já tem liberado sobre sua vida. Como sabemos que na casa do nosso Pai há muitos lugares, queremos que todos encontrem seu espaço n'Ele e em Sua mesa. O filho sabe que nessa mesa nunca faltará comida, por isso é sempre fácil repartir e nunca guardar apenas para si.

Uma das coisas que mais amo nessa vida é ver alguém encontrando seu lugar à mesa do Pai, seja por meio de uma pregação, momento de adoração ou simplesmente através de uma conversa. É um grande privilégio ajudar as pessoas durante o caminho, uma jornada que tenho aprendido e continuo aprendendo todos os dias. Para mim, entre todas as coisas que envolvem ministrar, seja dentro ou fora de uma igreja, a parte mais gratificante certamente é quando vemos Deus se movendo no coração de alguém.

Um exemplo disso se encontra no livro de Números, quando vemos os papéis dos levitas no Tabernáculo. Essas pessoas pertenciam à tribo de Levi e eram separadas para o trabalho santificado ao Senhor. A palavra "levita" significa "aquele que acompanha", e realmente estes eram os que acompanhavam o povo para que todos recebessem de Deus e da Sua presença. Assim como mencionei no primeiro capítulo, os levitas foram escolhidos por não terem caído em idolatria quando Moisés estava no Monte Sinai. Foram designados para serem sacerdotes e trabalharem no Tabernáculo e, dessa forma, estarem perto da presença do Senhor.

Hoje em dia, quando se fala em "levitas", pensa-se nos músicos ou cantores da igreja, mas, na verdade, aos olhos de Deus, somos todos levitas e sacerdotes e temos acesso direto à Sua presença. É claro que existe um chamado específico para liderança na área do louvor e adoração que está relacionada com a música dentro de uma comunidade. Por outro lado, em nossa vida pessoal, nós somos os ministros de adoração em nossos corações e também temos a responsabilidade de levar outros para a mesa do Senhor.

 No contexto cristão, atualmente, a nomenclatura "líder de adoração" refere-se a alguém que toca um instrumento ou canta, liderando outras pessoas no momento de louvor em uma liturgia. No sentido bíblico, entretanto, um líder de adoração não é somente alguém musical que canta aos domingos, e sim aquele que é guiado pelo Espírito Santo para engajar o povo a se encontrar diante de Deus.

 Existem cantores e músicos maravilhosos na igreja que deveriam estar nos palcos do mundo, levando a arte e a luz que vêm de Deus para iluminar as trevas. Mas, por causa do talento que possuem, são colocados para cantar e liderar o povo em adoração dentro da igreja. O problema é que, muitas vezes, mesmo com toda aptidão, por terem um chamado diferente, não têm a capacidade de levar o povo à presença de Deus. Por outro lado, há alguns que musicalmente não são tão extraordinários, mas quando abrem a boca ou tocam seu instrumento, o Espírito Santo se move poderosamente e o povo é levado com facilidade à mesa do Pai.

Vejo muitos líderes de adoração na igreja frustrados com o *VS*[1], com a banda que não toca direito, com o *back*[2] que desafinou, e até com o povo que não canta junto. Parecem mais preocupados em compor o próximo hit da música gospel do que falar o que está no coração de Deus. Não nego que a parte técnica seja muito importante, pois facilita

---

[1] *V.S.* é a sigla para *Virtual Studios*, que se refere ao áudio dos instrumentos que foram gravados previamente, mas que não estão, de fato, sendo tocados no momento exato de uma apresentação. Disponível em *http://estudiotrilhabranca.com.br/blog/sequencer/o-que-e-vs-e-sequencer-parte-1-de-2/*. Acesso em novembro de 2019.

[2] *Backing vocal* ou vocal de apoio, como o próprio nome diz, são as pessoas que dão apoio ou suporte para o solista de uma banda ou grupo. Disponível em *http://oficinadecanto.com.br/backing-vocal/*. Acesso em novembro de 2019.

toda a experiência, deixando-a mais agradável e fluida, porém é a parte espiritual a essência de tudo. Portanto, neste momento, não vamos falar de técnica musical nem de métodos de liderança, mas sobre simplificar o ato de levar uma pessoa à presença de Deus.

Um dos lugares que gosto de passar tempo para descansar é um hotel bem antigo, fundado em 1943, em Campos do Jordão, interior de São Paulo. Meus avós já o visitavam e minha mãe, sempre que pode, hospeda-se lá. Depois que comprei meu próprio carro, comecei a ir sozinha ou com amigos. No começo, precisava usar o *GPS* para não me perder, ou para evitar o trânsito. Depois de algum tempo, indo para lá todos os anos, eu nem precisava mais de mapa, pois já sabia até onde estavam os radares na rodovia e conhecia cada rua daquela cidadezinha. Hoje eu sei onde vende o melhor chocolate, não me engano com as propagandas de *fondue*, conheço os mercados que têm produtos de qualidade e também onde sempre há lugar para estacionar. Conheço os lugares secretos dentro das montanhas onde as fotos são incríveis e ninguém me perturba.

Assim também acontece com a presença de Deus: quanto mais acessamos o Santo dos Santos, mais conhecemos o caminho e, dessa forma, quando precisamos ajudar alguém a encontrar este lugar, tudo vem de forma natural. É impossível guiar alguém para um lugar que você mal sabe onde fica. Igualmente, é inconcebível levarmos pessoas à presença do Senhor se não estamos acessando esse lugar frequentemente. É claro que isso é parte de um chamado e um dom específico de Deus, pois existem muitos que vivem em Sua presença, mas têm dificuldades em levar os outros para lá.

Inclusive, isso já até aconteceu comigo. Estava em um daqueles momentos "perfeitos" enquanto dirigia o louvor. Eu amava as músicas do *setlist*, a banda estava ótima e eu já sabia tocar e cantar todas sem problemas. Feliz da vida, joguei-me na presença de Deus, fechei os olhos e fui fundo com Ele. Percebi os anjos ao meu redor e me senti bem pertinho do Pai. De repente, notei que estava tudo muito quieto, e quando abri meus olhos, todos estavam parados, encarando-me sem entender nada. Eu realmente tinha ido à presença de Deus, mas não tinha levado mais ninguém comigo.

Sim, já vimos o quão fundamental é liderarmos a nossa própria vida em direção à presença de Deus, mas e quando existem muitos outros lugares à mesa? E quando muitos são convidados e ansiosamente aguardados para esse jantar, o que fazemos?

Uma das coisas mais importantes é deixar os preparativos prontos antes da chegada dos convidados. Eu gosto de deixar tudo arrumado antes, pois quando estão aqui, eu fico livre para focar neles, e não nos guardanapos que estão faltando ou nos talheres que estão tortos. Deixo a mesa preparada e limpa, coloco tudo em seu devido lugar, escolho uma boa música ambiente, acendo umas velas e fico só esperando a campainha tocar.

Do mesmo modo, quando vou ministrar, não posso estar distraída me preparando, isso precisa ser feito antes do momento de adoração. É claro que temos nossas batalhas, a correria da vida e os problemas que nos pegam de surpresa, mas devo zelar por aquilo que consigo deixar pronto. Estar com o coração limpo, as emoções em ordem, a vida em santidade e com algo para oferecer é a minha preparação para a grande mesa. Esse não é um tempo individual de adoração, mas a hora de servir às pessoas que estão nesse lugar comigo. É verdade que também recebemos muito nessas situações, mas a nossa prioridade é servir à Noiva de Cristo. Liderar sempre será servir, ajudar e auxiliar o próximo a entrar na presença de Deus e não há ninguém que seja um exemplo maior de serviço do que Jesus:

> Porque o Filho do homem também não veio para ser servido, mas para servir e dar a sua vida em resgate de muitos. (Marcos 10.45)

Recordo-me de um dia em que estava passando mal fisicamente. Já havia vomitado antes de subir para ministrar e a febre parecia aumentar. Naquela ocasião, eu iria dirigir o louvor só com minha voz e o teclado do meu marido. Não tínhamos como cancelar, pois havíamos sido convidados há muito tempo.

Nessa hora, eu tive de dar um jeito, como geralmente as mães fazem quando adoecem: as crianças precisam ir para escola, os lanches precisam ser feitos e as mochilas arrumadas. Somente depois que os filhos são colocados no ônibus escolar, é que a mãe gripada cede e vai descansar. Lembrei-me disso naquele momento e pensei: "São somente mais 50 minutos, Deus virá com Sua presença e eu vou aguentar e servir neste momento". O incrível foi que durante os 50 minutos houve muito do mover do Espírito Santo, o tempo voou e, assim que acabou, eu havia até esquecido que estava mal. Quando estava voltando ao meu assento, senti os sintomas da virose de novo, mas foi sobrenatural como o meu ato de servir naquela ocasião me trouxe tanta força e alegria. Deus sempre nos honra quando estamos mais focados em doar do que em receber. Ele nos traz aquilo de que necessitamos enquanto ajudamos outros a se achegarem à Sua presença também.

Assim, quando chegam os convidados, quero que eles se sintam em casa. Podem deixar os casacos e sapatos na entrada, e escolher os lugares mais confortáveis para aproveitarmos nosso tempo juntos. Raramente eles se sentam e já comem, muitos querem lavar as mãos, tomar alguma coisa ou apenas bater um papo. Só então estamos prontos para a entrada, o prato principal e, por fim, a tão esperada sobremesa.

 Semelhantemente aos convidados de um jantar, muitos entram em uma reunião da igreja cheios de sacolas nas costas, com os pés cansados e, talvez, sapatos apertados. Nosso papel como líder é ajudá-los a tirar esse peso, lavar seus pés e os conduzir leves para se assentarem. Quando há um grupo de pessoas reunidas, sempre digo que existem inúmeras histórias em um mesmo lugar. Talvez, uma moça tenha vindo correndo do serviço, preocupadíssima com os relatórios que terá de entregar depois da reunião. Pode ser que um homem esteja desempregado, tentando bolar um jeito de pagar a escola de seus filhos. É possível que uma senhora esteja com dores tão fortes no corpo, que mal consiga se concentrar na hora da adoração. Todos estão em suas próprias jornadas e estações, mas, nesse momento, nos unimos em torno de um só propósito: conectarmo-nos profundamente com Deus.

Poderíamos ignorar todas as histórias e deixar que cada um encontrasse seu próprio caminho, mas um bom líder sabe servir e se preocupa com quem está lá. É por esse motivo que é importante analisarmos o lugar, pedindo que o Espírito Santo revele como está a saúde espiritual, emocional e até física das pessoas. Geralmente, durante a oração inicial, eu tento ler o que está acontecendo na sala e já consigo detectar como agir nos próximos passos: se todos já chegaram preparados, ou se ainda estão dispersos, distraídos ou até pesarosos.

Ao ajudá-los a entregarem suas ansiedades ao Senhor, a pedirem perdão por qualquer coisa que esteja sendo confrontada em seus corações, estou orientando-os a tirarem as sacolas desnecessárias. Enquanto vamos orando, rendendo-nos ao Senhor e clamando para que Sua presença se intensifique, a atmosfera começa a mudar, o peso se vai e as pessoas começam a sentir alívio.

Frequentemente, passamos a maior parte da adoração comunitária nessa fase. Deixamos nossos pesos, buscamos, clamamos e, quando estamos prestes a nos assentar diante d'Ele, o tempo já acabou. Talvez toda essa demora seja porque estamos deixando para nos preparar no meio do jantar, por falta de vida individual na presença de Deus, ou até por não conhecer o caminho para Sua presença.

Por isso, é importante termos em mente que nenhum momento vai ser igual ao outro, que haverá dias em que tudo fluirá bem desde o início e que outras vezes será mais difícil. A chave para que sempre haja a conexão do povo com Deus é sabermos ser guiados pelo Espírito Santo, percebermos quando parar, quando lutar, quando descansar, quando continuar, e assim por diante.

São incontáveis as vezes em que perdi o fio da meada enquanto liderava louvor e adoração. Pensava que Deus estava indo para uma direção, quando, na verdade, Ele estava se movendo para outro lado. No começo, sentia-me frustrada com aquele sentimento de ter estragado tudo. Ouvia os *feedbacks* da minha liderança e ficava arrasada, parecia que nunca conseguiria acertar. Com o tempo, fui aprendendo que a questão não era tanto a respeito do momento específico de louvor e adoração em um culto, mas de como estava meu relacionamento com Deus. Precisava urgentemente desenvolver essa sensibilidade no meu dia a dia, de maneira prática.

Nesse processo, o que me ajudou muito foi receber os *feedbacks*. Eles me levavam a compreender onde eu havia errado, mas não como condenação, como se eu fosse problemática. Comecei a me lembrar dos momentos em que o fluir estancou: "Será que foi a troca de música?", "Será que falei demais?", "Escolhi errado a ordem das canções?", "Repeti demais o refrão?". Comecei, então, a perguntar para Deus o que Ele havia pensado sobre aquele momento e percebi que Ele estava sempre feliz. Como um bom pai, que deseja que seus filhos acertem, Ele estava satisfeito com o fato de que eu estava tentando. Depois, o Senhor me lembrava dos momentos em que não consegui ouvir a Sua voz, ou tomei uma decisão errada no caminho.

Até as vezes em que, por medo, tinha deixado de fazer algo, mas Ele sempre me ensinava e me fazia entender em amor.

Portanto, achegar-se à mesa do Senhor é fruto de um relacionamento pessoal com Ele. Ajudar os outros a também estar à mesa é consequência dessa relação com Deus, combinada com a capacidade de liderar de maneira sensível ao próximo.

É justamente por isso que a sensibilidade ao mover do Espírito Santo é vital para qualquer ministério, pois nada conseguimos fazer sem a Sua ajuda. Liderar adoração requer que estejamos sensíveis a Ele, assim como ministrar cura interior, orar pelos doentes, trazer uma profecia ou fazer uma pregação. Quando ouvimos a voz do Espírito, naturalmente nos tornamos perceptivos ao ambiente e às pessoas que estão ali conosco. Deus sabe como o povo está de verdade e como cada um está se sentindo. Com isso, Ele pode nos auxiliar para virar as chaves certas e liberar o Céu na Terra.

Além dessa sensibilidade, cada líder de adoração tem seu próprio perfil. Assim como Deus designou os cinco ministérios, cada um com a sua função de servir ao Corpo (cf. Efésios 4.11), existem ministros de louvor mais apostólicos, mais proféticos, mais evangelísticos, mais pastorais e outros mais mestres.

Eu, por exemplo, considero-me mais pastoral e mestre. Minha tendência é sempre ensinar e ajudar com paciência nos momentos de adoração. Aqueles que são mais proféticos são os que fluem poderosamente no sobrenatural, sempre trazendo um mover novo do Espírito e constantemente estão mais conectados com o Céu do que com o povo. Os apostólicos geralmente são mais visionários, pensando sempre em grande escala, visando o momento como um todo, não se atentando muito aos detalhes. E, por fim, os líderes de adoração evangelísticos tendem a atrair pessoas que estão prontas para aceitarem a Cristo como Salvador e, através da sua ministração, muitos acabam se entregando a Jesus.

Todos têm o seu espaço no Corpo de Cristo, e cada um possui grande valor. A Igreja necessita de todos os cinco ministérios para que possa ver o Reino de Deus estabelecido aqui na Terra. Ninguém é melhor do que ninguém, e precisamos aprender a valorizar nossas diferenças e enxergá-las como acréscimo, e não como defeitos. Quando nos unimos dessa forma, a glória de Deus pode, então, vir sobre o Seu povo de maneira muito poderosa e amorosa.

Independentemente do perfil do líder de adoração, todos têm o mesmo objetivo de levar pessoas a Cristo. Todos aqueles que ministram louvor de modo sensível ao Espírito Santo sabem que esse momento, juntos à mesa, traz porções celestiais muito especiais a nós. A comunhão dos irmãos diante da presença de Deus é algo extremamente único, como vemos em 2 Crônicas 5, quando todo o povo de Israel, em uma só voz, uniu-se e houve o derramar da glória de Deus:

> E os levitas, que eram cantores, todos eles, de Asafe, de Hemã, de Jedutum, de seus filhos e de seus irmãos, vestidos de linho fino, com címbalos, com saltérios e com harpas, estavam

em pé para o oriente do altar; e com eles até cento e vinte sacerdotes, que tocavam as trombetas). E aconteceu que, quando eles uniformemente tocavam as trombetas, e cantavam, para fazerem ouvir uma só voz, bendizendo e louvando ao Senhor; e levantando eles a voz com trombetas, címbalos, e outros instrumentos musicais, e louvando ao Senhor, dizendo: Porque ele é bom, porque a sua benignidade dura para sempre, então a casa se encheu de uma nuvem, a saber, a casa do Senhor; E os sacerdotes não podiam permanecer em pé, para ministrar, por causa da nuvem; porque a glória do Senhor encheu a casa de Deus. (2 Crônicas 5.12-14)

Adorar a Deus em união faz toda diferença. É como se Ele viesse de forma especial, com porções individuais, mas entregues todas ao mesmo tempo. Inclusive, se não fosse tão precioso, Jesus não haveria dito, em Mateus 18.20: "Porque, onde estiverem dois ou três reunidos em meu nome, aí estou eu no meio deles". A união nesse momento ao redor da mesa faz parte do nosso fortalecimento espiritual, trazendo conforto e unidade ao Corpo de Cristo.

É nesse instante de comunhão que todas as nossas histórias de intimidade com o nosso Amado se tornam uma. Isso quer dizer que há uma riqueza e profundidade muito diferentes do que poderíamos receber sozinhos em nosso lugar secreto. Porém, nunca devemos anular um ou outro. Nossa vida de adoração necessita de tempos individuais e também em comunidade. Dessa forma, conseguimos receber por completo o que Deus tem para nós.

Além disso, o tempo de adoração em conjunto muda a forma como enxergamos o nosso próximo, fazendo com que comecemos a ver cada pessoa da maneira como Deus a vê. As diferenças evaporam nesse ambiente, as intrigas perdem seu lugar e tudo se resume a uma única pessoa: o nosso Glorioso Deus. Este é o nosso lugar: sentados, juntos, como um só, à mesa do Pai.

A MINHA PRÓPRIA VOZ

Nono Capítulo

C omecei minha faculdade nos Estados Unidos quando tinha 18 anos de idade. Pela primeira vez na vida, preparava-me para morar sozinha. Na universidade, todos os estudantes tinham direito a se alimentar no refeitório, mas era tudo muito ruim, o que me levou a começar a cozinhar minha própria comida. Graças a Deus, minha mãe havia me ensinado muita coisa, então pelo menos o básico eu já sabia fazer. Sentia muita falta de alguém lá para fazer as minhas refeições, talvez pela falta de prática e técnica, aquilo me cansava muito. Fui melhorando com o tempo, e hoje, mais de 15 anos depois, posso dizer que amo meu tempo na cozinha e fazer as minhas próprias refeições. Amo criar coisas novas e me aventurar pelo desconhecido. É o meu *hobby*. Muitos amigos meus insistem que eu deva fazer disso um negócio, mas eu quero continuar sempre cozinhando por prazer, e não por obrigação.

É bem verdade que nem todos os meus colegas da faculdade tinham uma mãe como a minha, mas uma coisa era comum a todos nós: ninguém gostava de comer no "bandejão". Então, para aquele bando de jovens recém-empurrados para fora do ninho, só existiam três saídas: acomodar-se a comer comida ruim pelos próximos quatro anos; viver com uma dieta básica de *fast-foods* gordurosos e *deliveries* semifrios ou aprender a cozinhar.

Não sei a respeito deles, mas eu não conseguia me imaginar comendo mal por anos, por pura falta de ação da minha parte. Contudo, apesar de isso ser mais comum do que se imagina, sem percebermos, podemos nos tornar acomodados, agindo dessa forma, inclusive, não só com a nossa alimentação física, mas diante da presença de Deus também. Quantas vezes o Senhor nos chama para irmos mais fundo, mais perto e mais alto com Ele, mas não estamos dispostos a pagar o preço por essa intimidade. Quando isso acontece, a adoração se torna apenas uma repetição, e não conseguimos prosseguir em conhecê-lO mais (Oseias 6.3). Talvez, em algum momento, tenhamos entrado nesse estado de pura acomodação.

Quando eu era adolescente, aprendi algo muito importante. Certo dia, estava emburrada e cansada, fazendo minha lição de casa, quando minha mãe, percebendo meu mau humor, disse para mim: "Zoe, a lição pode esperar e o jantar também, mas a sua alegria não. Vá para o seu quarto orar até você ficar cheia da presença de Deus". Isso não aconteceu somente aquela vez, mas, em várias situações, era mandada para o meu quarto para recuperar minha alegria e a presença do Espírito Santo. Isso marcou muito a minha vida, pois aprendi que esse lugar de conexão com Deus precisava ser guardado como prioridade. Não era função de outra pessoa, de um líder de adoração ou mesmo da minha mãe, mas era minha responsabilidade cultivar e nunca perder a alegria da presença de Deus.

Diante disso, perceba se você está sempre persistindo em ir mais fundo com Ele, note se a sua fome está crescendo e lute para nunca ficar parado no mesmo lugar. Caso contrário, você correrá o risco de se alimentar mal o resto da sua vida. Ao notar que você entrou em uma rotina, perdeu o brilho da presença do Pai, começou a esfriar em seu amor por Ele, pare tudo o que está fazendo. Retire-se por um tempo. Talvez precise de alguns minutos, talvez de um retiro pessoal e ali readquira esse lugar na presença de Deus, onde sempre haverá alegrias perpétuas.

O outro risco que corremos é o de vivermos de *fast-foods* e serviços de *delivery* espirituais. Lembro de um documentário que mostrava um mês na vida de um homem que se propôs a comer todas as suas refeições em uma rede de *fast-food*.[1] O resultado foi

---

[1] **Super size me**. Direção de Morgan Spurlock. Estados Unidos: The Con (98 min.).

que, nesse período, o rapaz quase teve um infarto e morreu. Imagine você comendo *pizza* e hambúrguer todos os dias. Tudo pode parecer uma delícia, mas certamente vão faltar vitaminas e sobrar gorduras por aí. Da mesma forma, nesta era digital, gostamos de terceirizar a nossa adoração. É só colocar a música do momento no YouTube, dar uma tremida bem espiritual e pronto, "está paga" a nossa adoração de hoje. Que horror! Por desejarmos sempre algo fácil e prático, em vez de investirmos nossas vidas na presença de Deus, preferimos que algum líder de louvor nos empurre lá para dentro. No entanto, é impossível vivermos uma vida de adoração pegando carona na unção das outras pessoas. Precisamos encontrar o nosso próprio caminho para a presença de Deus.

Por fim, acredito que a melhor saída, por mais trabalhosa que seja, é aprendermos a cozinhar. Podemos começar com um ovo frito, ou o arroz e feijão, que é a alimentação básica de todo brasileiro, mas com o tempo, vamos aperfeiçoando nossas habilidades. Assim também é com aquilo que oferecemos ao

Senhor. Com o passar dos anos, as "refeições" que entregamos a Ele vão mudando de algo básico e desajeitado para algo cada vez mais profundo e bem elaborado. Nossos "pratos" vêm das histórias que vivemos com Ele, com as nossas decisões e nossas emoções. Ali na cozinha da nossa vida, começamos a construir algo que não é um *fast-food*, um *delivery* nem um prato pronto descongelado no micro-ondas.

Muitos buscam a praticidade na adoração, querem que tudo se resolva em dez minutos, seja em seu momento diário com Deus ou na liturgia de sua igreja, esperando que Ele faça tudo rápido e sem profundidade. O foco está mais em manter os membros da congregação confortáveis do que em esticá-los para serem mais profundos no Senhor. Parece que o trabalho, a dedicação e o zelo são um incômodo para a maioria, mas não para aquela mulher que quebrou um vaso de alabastro sobre Jesus:

> E, estando ele em Betânia, assentado à mesa, em casa de Simão, o leproso, veio uma mulher, que

trazia um vaso de alabastro, com unguento de nardo puro, de muito preço, e quebrando o vaso, lho derramou sobre a cabeça. E alguns houve que em si mesmos se indignaram, e disseram: Para que se fez este desperdício de unguento? Porque podia vender-se por mais de trezentos dinheiros, e dá-lo aos pobres. E bramavam contra ela. Jesus, porém, disse: Deixai-a, por que a molestais? Ela fez-me boa obra. Porque sempre tendes os pobres convosco, e podeis fazer-lhes bem, quando quiserdes; mas a mim nem sempre me tendes. Esta fez o que podia; antecipou-se a ungir o meu corpo para a sepultura. Em verdade vos digo que, em todas as partes do mundo onde este evangelho for pregado, também o que ela fez será contado para sua memória.
(Marcos 14.3-9)

O nardo que essa mulher derramou aos pés de Jesus era realmente muito valioso, pois representava o salário de um ano. Eram muitas e muitas horas de suor e trabalho para serem "gastas" em apenas alguns segundos. Para essa moça, porém, a presença de Jesus valia muito mais do que todo dinheiro que ela estava despejando aos Seus pés. Só que o dono da casa e os outros convidados ficaram incomodados com a extravagância dessa mulher, pensando que todo aquele dinheiro poderia ter sido usado para dar aos pobres.

O interessante é que, antes de terem sido confrontados com esse ato, em nenhum momento, eles pareciam se importar com os pobres; também não houve nenhum candidato a dar seus tesouros aos que passavam necessidade. Ao ser derramado, o nardo encheu toda a casa com uma maravilhosa fragrância, da mesma forma que nossa adoração sobe como um cheiro suave ao Senhor quando nos derramamos diante d'Ele. Assim que sentiram o perfume invadindo o local, os religiosos se incomodaram, pois, aos seus olhos, tudo aquilo não passava de um desperdício.

Certo dia, enquanto estava ministrando em uma igreja, a presença de Deus era quase que palpável e as pessoas estavam sendo plenamente extravagantes em sua adoração. Erguiam seus braços ou se jogavam no chão, alguns choravam copiosamente, outros cantavam com tanta força que as veias chegavam a saltar de seus pescoços. Houve até alguns que vieram trazer voluntariamente ofertas generosas e lançavam o dinheiro no altar, enquanto outros dançavam sem parar, cada um mais extravagante que o outro. Eu via muita sinceridade e muita presença de Deus em tudo. Tenho certeza que o Senhor estava se alegrando e sorrindo sobre Seus filhos. Eles estavam entregando o seu melhor e aquilo era um sinal do quanto valorizavam a presença de Deus.

No fim da ministração, fomos levados para uma sala, para comer algo antes de nos despedirmos, quando ouvi alguém comentando: "Nossa, foi muito forçado aquela pessoa se jogar daquele jeito, aqueles gritos e todo aquele dinheiro no chão". Na hora, senti meu coração pesar, pois quem somos nós para julgar como Deus recebe isso? Somente Ele pode enxergar profundamente as nossas motivações.

Já fui criticada por chorar demais durante o louvor e a adoração. Enquanto liderava, às vezes, era tanta glória no lugar que eu me ajoelhava e mal conseguia terminar as músicas. Esses momentos eram vistos como "fanatismo", pareciam exageros para um domingo de manhã, que, segundo alguns, não precisava ir tão fundo assim. Ficava triste com os comentários, mas logo me lembrava de que tinha sido tudo para Deus, e não para as pessoas.

Nunca dê ao Senhor menos do que o seu melhor! Ele entregou Seu único Filho por nós, e o mínimo que podemos dar é o nosso amor de maneira extravagante. Nunca cante as músicas em piloto automático e não pense duas vezes antes de se ajoelhar. Apenas se entregue. Não tenha vergonha de cantar o mais alto possível, de erguer os braços e dançar diante de Sua presença. A adoração extravagante é resultado de alguém que encontrou o verdadeiro Amor, que lança fora todo medo e, também, toda religiosidade.

No começo da minha jornada culinária, eu precisava seguir todas as receitas à risca. Tentava lembrar precisamente do jeito que minha mãe e minha tia faziam as coisas, para que tudo saísse conforme elas me ensinaram.

Com o passar do tempo, percebi que podia arriscar um pouco mais, fazer algo mais personalizado, mais com a minha cara. É claro que, em minhas invenções, cometia muitos erros, mas sempre aprendia algo novo. Um tempo a mais na frigideira criava a casquinha que eu gostava. Será que ficaria bom usar o creme de leite em vez do leite comum? Quem sabe um pouco do alecrim no lugar da salsinha. Depois de algum tempo, já estava me aventurando a criar meus próprios pratos.

Do mesmo jeito, aprendemos a cantar e adorar, de certa forma, no começo da nossa trajetória com Deus, mas com o passar do tempo, corremos o risco de entrarmos em uma repetição mecânica e nos acomodarmos no lugar de conforto. Sem perceber, evitamos os caminhos desconhecidos em Sua presença e ficamos presos a fórmulas e padrões e, não à toa, nossos momentos de adoração ficam insossos e sem graça, mais parecendo um soro na veia, só o suficiente para nos manter vivos, do que um banquete com o Rei.

Por outro lado, existem aqueles que amam conhecer mais de Deus. Tentam descobrir Seus pratos preferidos, quais os aromas que aguçam Seu paladar e, então, arriscam-se a tentar criar uma receita extraordinária. Cada pessoa tem algo único e especial para entregar, algo que foi colocado somente nela. Alguns conseguem liberar essa unção específica, enquanto outros gastam a vida se comparando com os que parecem "cozinhar" melhor do que eles.

Lembro-me de quando comecei a cozinhar para outras pessoas. Ficava com um tremendo frio na barriga e, ao mesmo tempo, com uma expectativa enorme de saber o que eles iriam achar. Colocava a comida no prato e ficava bem atenta ao olhar e às reações de cada um. Alguns eram bem gentis e generosos em seus *feedbacks*, enquanto outros, disfarçadamente deixavam sobrar a comida no prato. Assim, eu ia observando o que dava certo, o que dava errado e o que podia melhorar para uma próxima vez. Não era nada confortável para mim estar naquela posição, mas eu sabia que sempre poderia melhorar vendo as reações das pessoas.

Da mesma maneira, muitas vezes, criei "pratos" para o Senhor um pouco defeituosos, cheios de vigor, mas talvez com falta de fineza. Sempre o Seu olhar era de amor. Ele conhecia meu coração e dessa forma, aprendia o que poderia ter feito melhor. Ao estar diante d'Ele, comecei a me ver como uma aprendiz e compreender quando passava do ponto ou quando já estava tudo perfeito. Aquilo me encorajava a nunca parar de arriscar e perseverar em achar o Seu coração, pois Ele estava sempre torcendo por mim, e nunca me cobrando um "prato" perfeito.

Mas isso só fica claro quando entendemos que o que temos a oferecer ao Senhor tem tudo a ver com a nossa identidade diante d'Ele. Em Sua presença, não há espaço para sermos mais ninguém a não ser nós mesmos. Nesse lugar, precisamos viver verdadeiramente o que é ser um adorador, totalmente rendido e entregue ao Senhor, onde nenhuma recompensa terrena poderia equiparar-se àquilo que receberemos.

O propósito de estarmos à mesa com o Pai não é somente chegarmos ao Santo dos Santos, mas, uma vez que estamos nesse lugar, conseguirmos ser encontrados por

Aquele que procura os que O adoram em espírito e em verdade. Como Jesus disse, em João 14.6: "Eu sou o caminho, e a verdade e a vida". Ser verdadeiro faz parte da identidade de Cristo, portanto, faz parte de nossa identidade também.

Porém, encontrarmos nosso próprio jeito à mesa do Pai é algo construído com o tempo, através das nossas lágrimas em Sua presença, da nossa entrega e das histórias que vivenciamos juntos. A partir disso, tornamo-nos completos em nossas refeições com Ele, sem precisar saber o que "está na moda", ou nos cobrar por não ser como o fulano ou a sicrana. Como consequência, já não somos mais visitas, mas família à mesa.

Existem alguns passos práticos para que possamos desenvolver esse lugar de encontro com o nosso Deus sentando-nos à Sua mesa. O primeiro é a iniciativa de chegarmos até esse lugar e termos tempo para nos assentar. Aqui, é importante pontuar que os momentos de ceia com Ele não devem ser esporádicos, mas parte de nossa rotina diária. Ao nos colocarmos diante d'Ele, podemos constantemente ser transformados e ter clareza sobre aquilo para que Deus nos chamou. Ao nos sentarmos frente a frente com o Pai, podemos também enxergar áreas da nossa vida que precisam ser passadas pelo fogo purificador. Assim podemos construir nossa verdadeira identidade, que somente Ele pode nos trazer.

Assim como em qualquer tipo de relacionamento, o tempo que passamos na presença de Deus é essencial para conhecermos quem Ele realmente é. Cada dia que passa, percebo que, mesmo tendo aprendido muitas coisas sobre Jesus e ter visto diversas facetas de Deus, ainda há uma infinidade de mistérios que ainda não consigo enxergar.

Outro passo prático à mesa do Senhor é a conscientização do nosso próprio coração, ou seja, do nosso caráter. Muitos querem a Sua presença, esforçam-se para sentir o sobrenatural, mas quando são confrontados pela Sua Palavra escapam feito sabonete. Desejar carregar algo único de Deus pode partir de uma motivação genuína ou de uma motivação impura em que buscamos suprir nossas carências e aparecer diante dos homens. Por isso, devemos deixar o Espírito Santo lidar com o nosso caráter incessantemente, para que possamos entender se andamos alinhados com a Sua vontade para a nossa vida.

Caráter é um conjunto de características e traços de um indivíduo, composto de crenças, valores, índole e ética. É a nossa essência, aquilo que define quem somos de verdade, especialmente quando ninguém está nos vendo. Jesus Cristo sempre se preocupou com o caráter em todas as parábolas, conversas e sermões. Ele queria algo que fosse muito além de um comportamento religioso.

Os fariseus faziam tudo corretamente, mas os seus corações estavam longe do Senhor. Assim também somos nós, quando temos somente a aparência de íntegros, mas as motivações erradas. A única pessoa que consegue nos ver de verdade é o Espírito Santo. Ele conhece nossos sentimentos, pensamentos e ações.

Geralmente, *chefs* de cozinha e músicos têm algo em comum: um grande ego. São artistas, sensíveis, cheios de criatividade e talentosos, mas, por outro lado, são extremamente críticos consigo mesmos e, por isso, acabam cobrando demais de si e dos outros ao seu redor. Quando acertam alguma coisa, sentem-se realizados, quase beirando ao orgulho. Possuem grande dificuldade de ser vulneráveis e aceitar críticas. No entanto, diante do Senhor, todos nós somos filhos e, por mais talentosos que sejamos, somos completamente dependentes d'Ele.

Tantas vezes, ao exercer a culinária ou a música, sem perceber, focamos tanto nas nossas refeições milimetricamente montadas, ou em nossas canções perfeitas e afinadas, que podemos nos esquecer de enxergar aquilo que realmente importa. Nós nos esforçamos tanto para mudar nossos comportamentos, melhorar nossas receitas ou composições, que perdemos de vista o fato de que, se colocássemos toda essa energia em buscarmos o caráter de Cristo, naturalmente tudo o que brotaria de nós seria irrepreensível e cheio de vida.

Isso, porque, o mais maravilhoso de estar diante d'Ele é que não precisamos ser persuadidos a mudar. Seu amor vem e nos constrange a ponto de nos tornarmos convictos daquilo que precisamos ser e fazer. Acho incrível quantas vezes, durante o meu momento de adoração, eu começava a me enxergar de maneira verdadeira, sem minhas justificativas, máscaras e desculpas, mas nua e crua, exatamente como sou. Mesmo com a dor da verdade, havia esperança e graça para continuar. É maravilhoso o amor do Pai por nós, que nos corrige e, além de nos revelar onde precisamos mudar, nos acompanha por todo o processo de transformação.

Essa transformação não acontece da noite para o dia, mas é um caminhar constante com o Senhor, onde aprendemos a escutá--lO e a nos quebrantar diante de Seus olhos de amor. Sempre há espaço para melhorar, lições novas e experiências para nos provar como ouro que passa pelo fogo.

Entretanto, depois de falarmos tanto sobre comidas deliciosas e mesas encantadoras, não podemos nos esquecer de que, se não tivéssemos fome, nada disso importaria. Sem fome, nós nem conseguimos pensar nas refeições, não achamos nada gostoso e muito menos sentimos vontade de nos assentar à mesa.

    Por isso, concordo com aquele ditado que diz que "a fome é o melhor tempero". Até um miojo é delicioso quando estamos famintos. Lembro-me de quando voltava da escola esfomeada, deixava a minha mochila na sala e ia direto para a geladeira, pegava a primeira coisa que via pela frente, e sempre parecia muito gostoso. Minha refeição pós--aula preferida era arroz com ovo. Minha mãe sempre deixava arroz japonês pronto, eu pegava umas colheradas, colocava em um prato fundo, quebrava um ovo em cima e misturava tudo. Depois era só colocar um pouquinho de queijo ralado e mandar para o micro-ondas. Antes de comer, ainda salpicava um *furikake* – um temperinho japonês. Para mim, aquilo era um manjar dos reis. A fome nos leva a encontrar algo belo nas coisas simples, a buscar novas experiências e a sempre procurar o nosso lugar à mesa.

    Algo importante sobre a fome é que ela é individual. Não conseguimos obrigar ninguém a senti-la, ou até mesmo nos sentirmos famintos no lugar de outras pessoas. Se nos alimentamos, somos nós que seremos saciados, e não aqueles que estão nos assistindo comer. Existem, naturalmente, pessoas que são mais "fominhas" do que outras nas coisas espirituais, e há aquelas que, como eu na adolescência, mal comem para sobreviver.

Sabendo disso, eu perguntava para mim mesma como poderia ter mais fome de Deus e querer mais da Sua presença. Na minha adolescência, estava fria e distante d'Ele. Sabia que o Senhor me amava e que havia me salvado, mas não tinha nenhum interesse pela Bíblia e pelas coisas do Reino: meus devocionais eram sem vida, e ir para igreja era mais um costume do que qualquer outra coisa. Um dia, disseram-me algo que marcou minha vida: "A fome é um presente de Deus, uma bênção na nossa vida. Para termos fome, basta pedirmos". Falando bem a verdade, quando ouvi isso achei muito simplório. "Quer dizer que é só pedir?", pensei comigo.

Revolvi colocar Deus à prova e comecei a pedir por mais fome, para que Ele fizesse meu coração desejá-lO mais. Eu queria ter essa paixão que via nas outras pessoas pela presença de Deus. Todos os dias, orava por isso e, sem perceber, minha fome foi aumentando. Cada vez mais, de maneira natural, me encontrava diante da presença de Deus pedindo por mais. Com o tempo, comecei a ter momentos especiais com Ele, visitações sobrenaturais, e, consequentemente, a fome crescia de forma exponencial.

    A percepção da presença de Deus começou a se intensificar nos meus devocionais. Ele não estava mais preso a uma história ou guardado dentro de uma caixinha. E com tudo isso acontecendo, eu só queria estar com Ele. Fechava a porta do meu quarto, lia a Bíblia, empolgada com cada nova revelação, anotava as orações e palavras, e desejava ficar lá o máximo de tempo que pudesse. Tudo começou a ter mais cores, era como se eu tivesse descoberto o meu "estômago" espiritual: quanto mais sentia a Sua presença, mais crescia a fome. Já não queria o pão de ontem, de algum encontro passado, eu queria o alimento de hoje. Justamente nesse contexto, comecei a receber novas revelações, novas canções e direções, e de um momento tedioso, o meu devocional se tornou a hora mais linda e brilhante do meu dia. Eram coisas bem simples, nada elaboradas, e nada que devesse ser compartilhado com multidões, mas que para mim significavam tanto. Eu estava ali sendo obediente, e Deus estava sendo mais que fiel, besuntando a minha alma com Seu amor, e eu só me sentia amada por Ele.

No entanto, constantemente, não conseguimos receber mais do Senhor porque temos uma ideia fixa de como Ele tem que vir. Ou pensamos que aquilo que estamos sentindo vem apenas da nossa cabeça e esquecemos de ser como uma criança. Ao nos permitirmos ser simples em Sua presença, podemos ser capturados pela Sua beleza, e inevitavelmente brotará em nós um anseio por mais. Ele é uma fonte inesgotável. Sempre haverá mais, até o dia em que seremos um com Deus.

Isso é algo que realmente faz minha cabeça explodir. Deus, mesmo sendo perfeito, todo poderoso e eterno, deseja intensamente se encontrar conosco. Quando, desde pequena, guardava um lugar para o Senhor à nossa mesa, mal poderia sonhar que Ele, até hoje, todos os dias, separaria um lugar para mim e me esperaria com paciência e amor. Nosso lugar está vago, a mesa está posta e Deus está, todos os dias, à nossa espera. Porém, assim como olhar um *feed* de comidas no Instagram ou ler um livro de receitas não mata a fome, não podemos nos satisfazer em apenas ouvir falar sobre Ele, ler um livro, ou escutar os testemunhos de outras pessoas.

Por esse motivo, eu não quero apenas ler Suas histórias, mas desejo reconhecer a Sua voz enquanto fala comigo. Eu não me contento só em cantar que Ele é lindo, mas eu quero sentir Seu cheiro e decorar qual é a cor de Seus olhos, de tão perto que estou. Eu quero estar com Ele, todos os dias, a toda hora. Quero ouvir Sua voz quando estou com meus amigos ou sozinha, quando estou tocando meu violão ou quieta no meu canto, quando estou assistindo a um filme ou vendo um pôr do sol. Eu quero andar com Deus assim como Moisés:

> E acontecia que, saindo Moisés à tenda, todo o povo se levantava, e cada um ficava em pé à porta da sua tenda; e olhava para Moisés pelas costas, até ele entrar na tenda. E sucedia que, entrando Moisés na tenda, descia a coluna de nuvem, e punha-se à porta da tenda; e o Senhor falava com Moisés. E, vendo todo o povo a coluna de nuvem que estava à porta da tenda, todo o povo se levantava e cada um, à porta da sua tenda, adorava. E falava o Senhor a Moisés face a face, como qualquer fala com o seu amigo; depois tornava-se ao arraial; mas o seu servidor, o jovem Josué, filho de Num, nunca se apartava do meio da tenda. (Êxodo 33.8-11)

Todo o povo enxergava a grande nuvem que descia para a tenda principal, enquanto Moisés falava com Deus. Diante isso, da porta de suas casas, todos adoravam ao Senhor. Fico imaginando essa cena, aquela gloriosa nuvem vindo à tenda de Moisés, o espanto e temor tomando conta do ambiente, todo mundo de joelhos e Moisés saindo com o rosto iluminado, passando pelo meio do povo atônito, indo de volta para sua casa. Todos voltavam para dentro de casa e certamente deviam conversar empolgados sobre o que acabara de acontecer: "Viu aquilo? Acho que essa nuvem era mais espessa do que a do mês passado. Viu o rosto de Moisés? Deve ter sido um baita encontro".

Contudo, enquanto todos iam de volta para as suas vidas, esperando o próximo encontro de Moisés, Josué jamais se apartava da tenda. Muito antes de ser o líder que levou o povo para a Terra Prometida, ele era aquele que jamais queria deixar o lugar da presença de Deus.

A exemplo de Josué, antes de pretendermos ser aqueles que mudarão o mundo, avivalistas e escaladores das montanhas da sociedade, Deus abre um convite singelo e poderoso para todos nós: habitarmos em Sua presença, para nos assentarmos à Sua mesa, amando-O e sendo amados por Ele. Tudo parte desse lugar.

Portanto, corra para a mesa. Viva à mesa. Olhe nos olhos do seu Amado e deixe-O olhar de volta para você. É exatamente aí que tocamos a eternidade, lugar em que um dia vale mais do que mil e onde, finalmente, podemos ser satisfeitos.

RECEITAS

BOLO DE MANTEIGA

Famosa receita da Dona Sarah, minha mãe querida, que sempre recheou minha infância de doçura e alegria.

INGREDIENTES
200g de manteiga em temperatura ambiente
1 xícara de leite integral
4 ovos
2 ½ xícaras de açúcar
3 xícaras de farinha
1 colher de sopa de fermento em pó

- Bata bem a manteiga juntamente com o açúcar e depois adicione as gemas (reserve as claras) e bata bem.
- Intercale o leite e a farinha aos poucos adicionando em colheradas à mistura de manteiga, batendo sempre bem.
- Adicione o fermento em pó e misture.
- Bata as claras em neve.
- Adicione as claras delicadamente à massa até que despareça na massa.

- Coloque em uma forma untada e polvilhada com farinha.
- Leve ao forno a 200-225 graus e asse por 35-40 minutos ou até ficar pronto.

Delicie-se com uma fatia quentinha e um chá inglês, de preferência um Earl Grey, do jeito que a Dona Sarah sempre come os bolos dela.

BOLO DE CHOCOLATE

Este vale cada minuto que você fica esperando assar por completo!

INGREDIENTES
2 xícaras de farinha de trigo
2 xicaras de açúcar
¾ xícara de chocolate em pó
2 colheres de chá de bicarbonato de sódio
2 ovos grandes
1 lata de creme de leite (nada de *light* ou leve, viu?)
1 xícara de óleo (sem medo)
1 colher de chá de sal
1 ½ colher de chá de baunilha
1 xícara de água fervente

- Preaqueça o forno em fogo bem baixo.
- Unte uma forma e povilhe com farinha.
- Coloque todos os ingredientes em um recipiente e bata tudo até ficar homogêneo com uma batedeira.

- Coloque na assadeira e asse por 50-55 min. em fogo baixo.

- Retire do forno quando fizer o teste do palito.

- Deixe esfriar completamente e depois cubra com a cobertura de chocolate.

Cobertura Simples de Chocolate
250g de chocolate meio amargo picado
1 lata de creme de leite

- Aqueça o creme de leite, sem levar a ferver, assim que estiver começando a formar "bolinhas" nas laterais da panela, retire do fogo e desepeje em cima do chocolate picado.

- Misture bem até ficar homogêneo e depois que esfriar completamente o bolo, derramar em cima e servir com morangos fatiados.

Esse bolo é um carinho para mim, quentinho com a cobertura derretendo, nada melhor. Se você nunca conseguiu fazer um bolo macio e molhado no ponto certo, agora vai conseguir!

BISCOITOS NATALINOS

Durante o Natal esse biscoito é o famoso em casa, todo ano é a corrida de quem leva mais para casa para comer depois da ceia.

INGREDIENTES
3/4 xícara de manteiga sem sal amolecida
3/4 xícara de açúcar branco
3/4 xícara de melado de cana
1/4 xícara de água
1/2 colher de chá de sal
1/2 colher de chá de bicarbonato de sódio
2 colheres de chá de gengibre em pó
2 colheres de chá de canela em pó
1/4 colher de noz-moscada ou cravo
3 1/4 xícaras de farinha de trigo

- Em uma vasilha grande misture bem o açúcar e a manteiga, logo após inclua o melado e a água.

- Devagar adicione aos poucos os ingredientes secos até misturar bem.

- A massa estará mole ainda, divida-a em duas parte e coloque em sacos (tipo *ziplock*) e deixe na geladeira uma noite.

- No próximo dia abra a massa com um rolo e farinha para não grudar e corte os *cookies* com os cortadores de sua escolha.

- Asse com cuidado, até que fiquem firmes e NÃO marrons, pois senão ficarão duros se assar demais.

- Após esfriar enfeite com o glacê abaixo e salpique com granulados de sua escolha! Esses *cookies* são os bem tradicionais de natal, levam tempo para fazer, porém duram por uma semana ou até mais.

Glacê para decorar

500g de açúcar de confeiteiro
2 colheres ou mais de água OU suco de limão

- Misture até achar a consistência que desejar para conseguir trabalhar bem para enfeitar lindamente os *cookies*!

- Adicione corante em gel caso queira glacê colorido.

Embrulhe com saquinho de celofane e amarre com lacinho, ótimas lembrancinhas de Natal!

COGUMELOS RECHEADOS

Só para lembrar de como o amor tirou minha fome, mas nunca a vontade de comer cogumelos.

INGREDIENTES
1 caixa de cogumelos grandes frescos inteiros
200g de queijo canastra
2 dentes de alho
½ xícara de salsinha fresca
1 colher de maionese
Azeite
Sal a gosto

- Limpe os cogumelos e retire os "troncos" e coloque em uma vasilha, adicione um fio de azeite e uma pitada de sal e misture com mão até que todos estejam cobertos.

- Preaqueça o forno em fogo médio e em uma assadeira revestida de papel alumínio OU papel manteiga coloque os cogumelos com a parte lisa para baixo.

- Em outra vasilha misture todos os outros ingredientes até formar tipo um patê.

- Coloque em colheradas em cima dos cogumelos, recheando com essa mistura. Leve ao forno até dourar em cima e os cogumelos ficarem macios, uns 12 minutos.

- Retire do forno e deixe esfriar só um pouco, sirva com uma torrada bem fresquinha.

CHURRASCO DE PICANHA

Dicas do Mauro Tanaka, além de escrever bem, faz o melhor churrasco.

INGREDIENTES
Picanha de 1 kg - 1,3 kg com a gordura uniforme
Sal grosso
Carvão

(Por favor não cometa o crime de colocar queijos, alhos e temperos em uma boa picanha)

- Deixe o fogo bem forte, grelha quente e baixa.

- Coloque o sal grosso cobrindo toda a peça. (vai sem medo, não vai ficar salgada).

- Coloque a picanha com a gordura para cima e deixe por alguns 10 minutos (segure a ansiedade e não fique virando a picanha pra ver se já está pronta, e nem espetando ela com o garfão).

- O fogo vai crescer muito por causa da gordura, então controle-o com água, ou levantando a grelha para acalmar o fogo.

- Vire a picanha e deixe por mais 10 minutos (E pare de mexer!).

- Tire da grelha e deixe descansar por alguns minutos.

- Corte a peça em fatias de 2-4 cm (Vai perceber que ela estará apenas selada por fora, e crua por dentro).

- Volte cada *steak* para a grelha, e jogue um pequeno punhado de sal grosso de um lado apenas.

- Vire o *steak* depois de alguns minutos (só vire uma vez!).

- Tire da grelha, deixe descansar por 3 min. antes de fatiar.

Este livro foi produzido em ITC Veljovic 12 e impresso
pela Gráfica Promove sobre papel Pólen Natural 70g
para a Editora Quatro Ventos em junho de 2025.